PSYCHOLOGIE DU VIEILLISSEMENT
COMPRENDRE POUR INTERVENIR

Catalogage avant publication de Bibliothèque et Archives nationales du
Québec et Bibliothèque et Archives Canada

Hétu, Jean-Luc, 1944-

   Psychologie du vieillissement : comprendre pour intervenir
   (Formation - gérontologie)
   Comprend des réf. bibliogr.
   ISBN 978-2-923656-00-7

   1. Vieillissement - Aspect psychologique. 2. Vieillesse. 3. Personnes âgées - Psychologie. I. Titre.

BF724.8.H48 2007   155.67
C2007-942024-9

Révision: Roger-Paul Gilbert
Mise en page : MCM/Compo-Montage
Illustration de la page couverture :
Les âges de la vie, détail. Thérèse Martin
Conception et montage de la page couverture: Faustin Bouchard

Tous droits de reproduction, d'édition, d'impression, de traduction, d'adaptation et de représentation, en totalité ou en partie, sont réservés. Reproduction interdite sans l'autorisation écrite de GROUPÉDITIONS ÉDITEURS, 150, Place Charles-Le Moyne, RC 1010, Longueuil (Québec) J4K 0A8

Téléphone: (450) 463-1848 – Télécopieur: (450) 463-1846

info@groupeditions.com   www.groupeditions.com

Psychologie du vieillissement : comprendre pour intervenir
ISBN 978-2-923656-00-7

© **GROUPÉDITIÓNS ÉDITEURS**

Dépôt légal - Bibliothèque et Archives nationales du Québec, 2007
Dépôt légal - Bibliothèque et Archives Canada, 2007

Réimpression septembre 2013

JEAN-LUC HÉTU

PSYCHOLOGIE DU VIEILLISSEMENT
COMPRENDRE POUR INTERVENIR

FORMATION – GÉRONTOLOGIE

Note de L'éditeur

L'auteur et l'éditeur, par souci écologique, ont pris la décision de faire débuter certains des chapitres de cet ouvrage sur une page paire lorsque c'était possible. Cette dérogation à la règle de commencer tous les chapitres sur une page impaire permettra l'économie de pages blanches et donc inutilisées.

AVANT-PROPOS

Il était grand temps de préparer cette troisième édition. J'ai éprouvé un grand bonheur à réécrire en bonne partie l'édition précédente, dans un style plus synthétique et une présentation plus conviviale qui rend compte des dernières recherches. On notera aussi l'apparition de quatre nouveaux chapitres, soit les chapitres 11, 13, 15 et 16.

Mon objectif? Offrir une présentation la plus accessible et la plus complète possible du vieillissement normal, et proposer de nombreuses pistes d'intervention pour aider les personnes âgées à vieillir d'une façon optimale.

Le volume s'adresse d'abord aux intervenants ou futurs intervenants, mais les éditions précédentes ont été lues par beaucoup de gens qui voulaient mieux comprendre et accompagner leurs parents vieillissants, ou se préparer à vivre eux-mêmes leur propre parcours. La présente édition me semble se prêter encore mieux à ces deux types de lecteurs, pour les raisons mentionnées ci-haut.

Pour la pertinence de leurs commentaires qui m'ont beaucoup aidé à améliorer la version finale du texte, je veux remercier vivement les personnes suivantes: Marilyn Hébert, ma conjointe; Diane Boucher, une psychologue qui dispense le cours *Psychologie des personnes âgées* à l'Université de Sherbrooke; Sophie Éthier, enseignante et auteure; et Roger-Paul Gilbert, réviseur.

À l'intention des enseignants, j'ai préparé un document d'accompagnement pédagogique qui contient des exercices à faire en atelier pour chacun des seize chapitres, avec les corrigés, ainsi que deux tests objectifs, avec les corrigés aussi. Ces tests pourraient servir à une partie de l'évaluation du cours, ou être simplement utilisés pour permettre aux étudiants de vérifier leur niveau de compréhension des données exposées dans le volume.

Ces documents en format Word sont disponibles sans frais à jeanluchetu@b2b2c.ca ou auprès de l'éditeur à l'adresse groupeditions@gmail.com, pour peu qu'on veuille bien utiliser son adresse institutionnelle ou celle de son département pour en faire la demande.

J'ai inséré dans ce volume de nombreuses listes de conseils ou de points de repère, à l'intention soit des intervenants, soit des personnes âgées elles-mêmes auxquelles ces conseils pourront être relayés.

Avec leur caractère pratique, ces listes pourront donner l'impression de recettes. Si cette impression devait vous effleurer l'esprit, dites-vous qu'une bonne recette est d'habitude le fruit d'une longue pratique faite d'essais et d'erreurs. Sauf qu'ici, il ne sera pas question de nourriture, mais de personnes âgées qui auront souvent été aux prises avec des difficultés pénibles, et auxquelles des cohortes de chercheurs et d'intervenants auront tenté de venir en aide au meilleur de leur sensibilité, de leur perspicacité et de leur compétence. J'ai donc confiance que vous saurez vous montrer réceptifs à leur partage.

Quel que soit notre âge, lire et réfléchir sur le vieillissement, c'est nous trouver renvoyés à notre propre devenir ainsi qu'à celui de nos proches. Ce voyage que nous entreprenons ensemble, je souhaite de tout cœur qu'il se révèle des plus fructueux.

Jean-Luc Hétu

Pour ne pas alourdir le style, j'ai dû me résoudre à me limiter au masculin pour désigner les sujets des deux sexes. J'espère qu'on n'y verra aucune intention d'exclusion.

Chapitre 1

BIEN VIEILLIR

QUELQUES NOTIONS DE BASE

> *«Bien vieillir, c'est vieillir de bonne humeur,*
> *ne pas être portée à critiquer.»*
> -Suzanne

Dans ce chapitre, nous examinerons tour à tour la nature de la gérontologie, les concepts de vieillissement réussi et de personne autonome puis les concepts de stéréotypes, préjugés et âgisme, après quoi nous jetterons un coup d'œil aux méthodes de recherche avec un gros plan sur la recherche de l'Université Duke, avant de terminer avec le point de vue des aînés.

«Son moral est toujours bon, mais elle ne rajeunit pas.»
«Elle en a beaucoup perdu depuis un an.»
«Il a l'air plus vieux que son âge.»
«Il est toujours alerte, toujours droit comme un i.»

Ces expressions courantes nous fournissent une petite typologie populaire des différents parcours du vieillissement, à savoir:

Un déclin régulier, selon la trajectoire normale: *«Son moral est toujours bon, mais elle ne rajeunit pas.»*

Un déclin brusque: «Elle en a beaucoup perdu depuis un an.»

Un déclin précoce: *«Il a l'air plus vieux que son âge.»*

Le maintien de la santé et des aptitudes cognitives jusqu'à un âge avancé: *«Il est toujours alerte, toujours droit comme un i.»*

D'entrée de jeu, l'observation courante nous met donc en présence de parcours diversifiés. Retenons ce fait.

La naissance de la gérontologie

C'est précisément cette diversité des parcours qui a donné naissance à la gérontologie. Au milieu du vingtième siècle, un groupe de psychologues et de sociologues américains entreprenait d'explorer les facteurs qui contribuent à la réussite du vieillissement en lançant les premières grandes études sur ce thème, et dans les décennies suivantes, des cohortes de chercheurs d'horizons variés allaient emboîter le pas.

La gérontologie est moins une science comme telle qu'une approche multidisciplinaire du phénomène du vieillissement. On y retrouve au premier chef des psychologues et des sociologues, mais aussi des statisticiens et des spécialistes en méthodologie de recherche, en sciences de la santé, en démographie, en économie, en histoire, en anthropologie ou en philosophie. La gérontologie emprunte donc son statut scientifique aux diverses disciplines qui la constituent, et dès ses débuts, elle a été multidisciplinaire.

Le vieillissement réussi

Le vieillissement possède une face sombre, car lorsqu'il se poursuit jusqu'au grand âge, il se transforme en processus de fragilisation tel que la moindre chute, infection ou défaillance des grands systèmes physiologiques (cerveau/cœur/poumons) risquera d'entraîner la mort. Cette fragilisation rendra aussi la personne de plus en plus susceptible de devenir dépendante ou d'être atteinte de démence.

Le concept de vieillissement réussi constitue la réplique des gérontologues à ces sombres perspectives, comme s'ils disaient que non, la vieillesse n'est pas qu'un naufrage mais qu'elle peut au contraire représenter une victoire, une bonne proportion des aînés réussissant à bien vieillir jusqu'à un âge avancé.

Nous définirons donc le vieillissement comme le déclin plus ou moins graduel de la vigueur et de la santé ainsi que des fonctions cognitives, déclin qui met la personne au défi de mobiliser ses ressources pour assurer le maintien de la satisfaction de ses besoins physiques et affectifs ainsi que de son besoin de sens.

Cette définition donne à la personne qui avance en âge une certaine prise sur son vieillissement, que ce soit son alimentation et ses autres habitudes de vie, son niveau d'activités, l'entretien de son réseau de soutien, ses attitudes face à la vie… (Hendricks et Russell Hatch, 2006, p. 301).

Les modèles de vieillissement réussi font intervenir des facteurs objectifs comme la santé physique et mentale et un niveau suffisant de ressources financières et matérielles. Ces modèles utilisent aussi des concepts qui font une large place à la subjectivité: satisfaction face à la vie, qualité de vie, bien-être subjectif…

Les concepts d'autonomie et d'adaptation permettent pour leur part une synthèse entre les facteurs objectifs et les appréciations subjectives. On peut considérer qu'une personne âgée est adaptée lorsqu'elle peut faire face aux demandes de son environnement (composante objective) et qu'elle éprouve un sentiment de bien-être résultant du fait qu'elle soit en mesure de trouver dans cet environnement de quoi satisfaire ses besoins physiques et affectifs (composante subjective).

Par exemple, même si elle se sentait bien dans sa peau, cette personne ne serait sûrement pas considérée adaptée si elle négligeait de payer ses comptes ou si elle laissait ses ordures ménagères s'accumuler dans sa cuisine. Ces précisions nous montrent combien les concepts d'adaptation et d'autonomie sont proches l'un de l'autre.

Autonomie et bien-être

Dans l'ensemble, les personnes âgées ne s'attribuent pas un niveau de bien-être inférieur à celui des groupes plus jeunes. Il arrive même que ce soit chez elles que l'on retrouve les plus hauts taux de satisfaction élevée face à la vie (Statistique Canada, 2005; nous reproduirons ces données au chapitre 4). Ceci va sûrement à l'encontre du stéréotype qui voit la vieillesse comme une déchéance complète.

La satisfaction face à la vie est reliée en bonne partie à la perception de notre niveau de bien-être, lequel est relié à son tour au fait que notre environnement réponde à nos besoins. Prenons le cas de deux personnes qui vivent seules et qui ont de la difficulté à se déplacer. La première habite à l'étage, loin de l'épicerie, et sa cuisine est peu fonctionnelle, tandis que la deuxième habite un immeuble à logements muni d'un ascenseur, avec une cuisine bien aménagée et une petite épicerie à proximité.

Pour un même niveau d'autonomie physique, le premier sujet présentera un niveau d'autonomie fonctionnelle inférieur à celui du deuxième sujet. On peut donc augmenter le niveau d'autonomie en aménageant un environnement davantage adapté.

Deux types de facteurs peuvent affecter l'autonomie. Les facteurs personnels d'abord, qu'ils soient d'ordre physique ou psychologique. Ils sont d'ordre physique suite à une maladie, un handicap ou un déclin de la force physique ou de l'acuité sensorielle. Ils sont d'ordre psychologique lorsque la personne n'a plus la motivation nécessaire pour déterminer elle-même ses objectifs et pour s'employer à les réaliser.

Ces facteurs peuvent aussi dépendre de l'environnement physique, comme un logement difficile d'entretien ou l'éloignement des services; ou de l'environnement social, comme des proches autoritaires ou surprotecteurs ou un établissement dont les modes d'organisation et la culture sont paternalistes.

Les proches de la personne en perte d'autonomie physique peuvent contribuer à restreindre son autonomie psychologique. Des chercheurs ont observé que «de nombreuses interactions entre des personnes âgées et leur environnement social sont caractérisées par un *pattern* qui ignore l'indépendance et récompense la dépendance» (Baltes et Carstensen, 1999, p. 213).

Retenons de ce qui précède qu'il existe une interaction déterminante entre la satisfaction face à la vie, la perception du bien-être, l'adaptation et l'autonomie, et que ces quatre concepts fonctionnent en partie comme des vases communicants.

Enjeux pour l'intervention

Voici quelques points de repère pour favoriser le maintien de l'autonomie psychologique des personnes en perte d'autonomie physique.

1. Promouvoir les choix personnels

Des recherches ont démontré qu'on peut améliorer la santé physique et mentale des résidents âgés si on les met en situation de faire des choix, que ce soit par exemple par rapport aux vêtements à porter ou par rapport à leurs activités. Ceci s'applique aussi aux personnes âgées vivant à domicile.

Une fois le choix arrêté, on peut sans problème aider la personne âgée à le mettre en application. Une telle aide, consentie dans le cadre d'une *dépendance acceptée*, sera de nature à diminuer son sentiment d'impuissance et à augmenter son sentiment de bien-être (Butzel et Ryan, 1997).

2. Rendre l'environnement prévisible

Il y a des événements sur lesquels les intéressés ont peu de pouvoir, par exemple les modalités de certains traitements médicaux, où la date des visites des intervenants dans le cadre d'un programme de maintien à domicile.

Même dans de tels cas, on peut augmenter le sentiment de contrôle en informant précisément les intéressés sur le déroulement de ces interventions, et en sollicitant leur assentiment à ce sujet. Ceci leur permettra d'ajuster leurs attentes et de mieux composer avec un environnement perçu comme prévisible.

3. Éliminer les stéréotypes de nature à susciter un sentiment d'impuissance

Bien qu'on tente de s'en prémunir, les stéréotypes s'infiltrent subtilement dans nos façons de penser. On se dira par exemple que «les» bénéficiaires avec lesquels on travaille sont (dans leur ensemble) incapables de décider de ce qui est bon pour eux, et on sera alors porté à prendre les décisions à leur place.

Stéréotypes, préjugés et âgisme

Puisqu'il est question de stéréotypes, regardons de plus près leur nature, leur relation avec les préjugés, et leur impact potentiel. Un dictionnaire de psychologie définit comme suit un stéréotype:

> «Une généralisation fixe et simpliste au sujet d'un groupe ou d'une classe de gens qui s'arrête habituellement à des traits négatifs, bien que l'on puisse aussi rencontrer des stéréotypes positifs. (…) Les stéréotypes ne sont pas faciles à changer, même en présence d'une évidence contraire» (Colman, 2006, p. 726).

Un exemple de stéréotype consiste à voir les personnes âgées (dans leur ensemble) comme rigides, craintives, souffrant de solitude et dépendantes.

Certaines personnes peuvent entretenir des stéréotypes sans que cela ne compromette leur façon d'accueillir une personne concrète qui serait catégorisée dans les stéréotypes en question. Elles se diront par exemple que «elle, c'est différent». Mais les stéréotypes mènent souvent aux préjugés, que l'on définit comme suit:

> «Un sentiment, favorable ou défavorable mais habituellement défavorable, à l'endroit d'une chose ou d'une personne, lequel sentiment n'est pas basé sur l'expérience. (…) Les principaux préjugés sont dirigés contre les membres d'une autre race ou ethnie (ethnocentrisme), de l'autre sexe (sexisme), ou encore contre les personnes âgées (âgisme)» (Coleman, 2006, p. 595).

Contrairement au stéréotype qui se limite à une perception, le préjugé est susceptible d'engendrer des comportements qui porteront atteinte aux droits de la personne victime du préjugé, comme son droit à occuper le logement qu'elle visite alors qu'elle dispose de bonnes références, son droit à obtenir l'emploi qu'elle sollicite et pour laquelle elle est qualifiée, ou son droit au respect et à l'attention qu'elle mérite, même si elle est âgée.

Une recherche auprès de stagiaires en psychologie a fait ressortir la croyance qu' «on ne peut pas faire grand-chose pour quelqu'un qui a dépassé soixante-dix ans», et que de toute façon, «ça ne vaut pas vraiment la peine parce qu'il approche de la fin de sa vie» (Lee, 2003).

Cette étude met bien en lumière l'enchaînement suivant: stéréotypes (généralisations simplistes), menant à des préjugés (dispositions défavorables), entraînant des comportements préjudiciables, comme ici, le fait de priver les personnes âgées des services dont elles auraient besoin. Nous qualifierons ces comportements de racisme, de sexisme ou d'âgisme, trois phénomènes qu'un gérontologue qui leur a consacré sa carrière n'hésite pas à décrire comme «des maladies sociales» (Palmore, 2005, p. 90).

Même les stéréotypes positifs peuvent avoir un effet pervers, en donnant lieu à ce qu'on pourrait appeler la *rectitude gérontologique,* qui serait une variable de la rectitude politique. En vertu de ce phénomène, les personnes âgées (dans leur ensemble) sont perçues comme demeurant jusqu'à un âge très avancé physiquement et mentalement alertes, socialement et sexuellement actives, toujours en train d'essayer de nouvelles choses et de se lancer dans de nouveaux projets.

Vézina et autres (2007, p. 11) observent que les magazines qui s'adressent à un public âgé versent facilement dans cette tendance. Confrontées à cette vision idyllique, bien des personnes âgées qui enregistrent des déclins de toutes sortes risqueront alors de développer une image négative d'elles-mêmes et de perdre une partie de leur estime de soi. Il faut donc se faire du vieillissement une image positive, certes, mais néanmoins réaliste et qui reconnaisse à chacun le droit d'être comme il est.

Les méthodes de recherche

Dans la suite du volume, nous citerons des centaines d'études. Il importe donc de nous familiariser un peu avec l'univers des méthodes de recherche.

La plus vieille méthode est l'observation clinique, c'est-à-dire l'expérience sur le terrain. Cette méthode est riche de détails, mais elle se limite toujours à la clientèle desservie: les aînés qui fréquentent tel centre de jour, les résidents de tel centre d'hébergement, les patients de tel médecin...

Il faut donc compléter l'observation clinique par des recherches portant sur des échantillons représentatifs de l'ensemble de la population âgée, et qui tenteront de départager les multiples facteurs susceptibles d'influencer en même temps le parcours du vieillissement: personnalité, mécanismes d'adaptation, niveau de scolarité, nature du réseau de soutien, état de santé, rôle de la religion…

Il existe trois grandes méthodes de recherche. La méthode *transversale* permet de comparer à un moment précis des individus d'âges différents. Cette méthode est indiquée si l'on veut savoir par exemple si les personnes âgées sont plus satisfaites ou moins satisfaites de leur vie que les jeunes adultes ou les adultes d'âge mûr, ou encore si l'on veut comparer leurs performances cognitives ou toute autre variable.

Cette méthode a ses limites quand vient le temps d'interpréter les différences observées. Par exemple, la vie d'une femme de trente ans aujourd'hui est bien différente de celle qui a eu trente ans au milieu du siècle dernier. Dans l'ensemble, les femmes d'aujourd'hui se marient plus tard et ont moins d'enfants, elles étudient plus longtemps et travaillent davantage à l'extérieur du foyer.

Il s'ensuit que les différences observées entre le sujet A (qui a trente ans aujourd'hui) et le sujet B (qui avait trente ans en 1960) risquent de provenir non seulement du simple fait de vieillir, mais en partie des différents contextes historiques dans lesquels ces deux personnes ont évolué, ce qu'on appelle un effet de cohorte (Hardy et Wilson, 2002, p. 241-245).

Pour éviter ce genre de difficulté, on peut utiliser une méthode *longitudinale*, c'est-à-dire étudier les mêmes personnes à plusieurs reprises, disons une fois par année pendant dix ans. Les changements observés auront alors plus de chances d'être attribuables à des facteurs internes (comme la maturation ou l'évolution de la personnalité ou encore à des déclins cognitifs).

La méthode longitudinale est donc appropriée si l'on veut savoir par exemple si les gens deviennent plus religieux à mesure qu'ils vieillissent. Mais il n'y a pas de certitude ici non plus, parce que même sur une période de dix ans, il peut survenir des changements culturels ou économiques qui n'ont rien à voir avec le phénomène du vieillissement comme tel. Et plus encore, il faut tenir compte des changements qui peuvent survenir dans les habitudes de vie des intéressés du seul fait que ceux-ci se savent observés et mesurés.

Par exemple, on peut être tenté de soigner davantage son alimentation ou de faire davantage d'exercice physique pour faire bonne figure dans les tests. Les abandons causent eux aussi des maux de tête aux chercheurs, car c'est souvent les participants plus faibles physiquement et psychologiquement qui sont portés à décrocher de la recherche en cours de route. Ce phénomène vient évidemment affecter la représentativité de l'échantillon, et donc la validité des résultats obtenus.

L'effet de répétition peut aussi jouer, surtout dans les études portant sur l'intelligence et la mémoire. Le fait d'être soumis à plusieurs reprises aux mêmes épreuves risque d'entraîner une augmentation du niveau de performance, et donc de diminuer artificiellement le déclin des aptitudes cognitives chez les participants de cette étude.

Pour éviter ces inconvénients typiques de chaque approche, on a mis au point des méthodes plus sophistiquées, appelées méthodes *séquentielles*, où l'on compare des mesures obtenues sur les mêmes sujets à des moments différents *et* des mesures obtenues sur des sujets différents à un même moment.

Outre le choix de la méthode, le chercheur se trouve aussi confronté aux problèmes de la taille et de la représentativité de son échantillon. Toutes choses étant égales, plus un échantillon est important et plus les conclusions de l'étude auront de chances d'être applicables à l'ensemble de la population. Par exemple, si on n'interroge que cinq personnes, le hasard peut faire que trois ou quatre d'entre elles soit particulièrement déprimées, ou au contraire particulièrement bien ajustées à leur vieillissement. Il sera donc téméraire de généraliser ces résultats à l'ensemble de la population.

Un échantillon de 500 répondants serait donc de beaucoup préférable, mais il est 100 fois plus long et plus coûteux d'interviewer 500 personnes que d'en interviewer 5. Au surplus, la taille d'un échantillon n'est pas une garantie de sa représentativité. Si les 500 répondants sont tous en centre d'hébergement ou s'ils ont tous été recrutés parmi les membres actifs de clubs de l'Âge d'or, les résultats ne vaudront que pour ces types de clientèles.

Encore ici, il est plus long et plus coûteux de s'assurer que l'échantillon que l'on retient est représentatif de l'ensemble de la population que l'on veut étudier. Or, comme les chercheurs ont habituellement des échéances à respecter et des budgets limités, ils se voient acculés à des décisions difficiles là aussi.

Lorsque vient le temps d'interpréter les résultats d'une étude qui se présente comme une recherche scientifique, le type de méthode utilisée ainsi que la taille et la représentativité de l'échantillon en présence constituent donc des points fondamentaux à évaluer.

Il existe un autre type de recherche, soit la recherche qualitative, qui se caractérise par des échantillons réduits, souvent d'une douzaine de sujets ou moins, et par une méthodologie de cueillette de données souple, par exemple l'observation participante.

La recherche qualitative ne vise pas à valider scientifiquement une hypothèse ou une théorie, mais elle mise plutôt sur le contact direct avec le terrain qui permet d'observer les gens dans leur milieu naturel. La richesse des détails ainsi recueillis permettra de faire ressortir certains phénomènes, voire esquisser des hypothèses que d'autres chercheurs pourront par la suite investiguer davantage (voir Poupart et autres, 1997, p. 94-97).

Mais une recherche, quelles que soient la valeur de sa méthodologie et la représentativité de son échantillon, ne représente qu'un instantané. Elle peut nous alerter sur l'existence d'un phénomène et nous amener à formuler de bonnes hypothèses. Mais elle demande à être confirmée par d'autres recherches.

À cet égard, les méta-recherches qui répertorient un grand nombre d'études portant sur le même thème et qui font la synthèse des résultats obtenus, s'avèrent d'une grande utilité. Dans certains cas, les méta-recherches concluent que le thème étudié fait encore l'objet d'interprétations controversées, et dans d'autres cas, elles font ressortir des grandes tendances, voir des consensus pratiques sur certaines conclusions.

Pour une brève présentation des principales études longitudinales en gérontologie, québécoise, canadiennes, américaines et européennes, voir Dubé et Lefrançois (2003, p. 235-244). Pour une brève présentation des méthodes de recherche, voir Vandenplas-Holper (2003, p. 25-34) et Hoyer (2002, 792-796).

La recherche de l'Université Duke

De 1955 à 1983, des chercheurs de l'Université Duke, en Caroline du Nord, ont mené trois séries de recherches d'une dizaine d'années chacune sur plus de 1,700 personnes âgées de 60 à 90 ans pour la première étude, de 46 à 70 ans pour la deuxième, et de 65 ans et plus pour la troisième. Les chercheurs sont arrivés aux conclusions suivantes (Palmore, 1995, p. 295-297).

1. Déclin de la santé et des fonctions physiques

On observe un déclin de l'activité sexuelle, des fonctions immunitaires, de la vision et de l'ouïe, ainsi qu'une augmentation des maladies cardiovasculaires et des perturbations du sommeil.

2. Absence de déclin ou déclin faible aux niveaux psychologique et social

On observe un maintien du niveau d'activité, des attitudes, de la mémoire et de l'intelligence, du niveau général d'ajustement, du concept de soi, des traits de personnalité, de la satisfaction face à la vie et des attitudes face à la religion.

3. Fortes variations dans les profils de vieillissement

Une minorité importante de sujets échappe au déclin de la santé et des fonctions physiques, et les différences entre les gens tendent à se maintenir et même à s'accroître avec l'âge. On note également des variations selon le sexe, la race, le statut socio-économique, le niveau de santé et les profils de personnalité. Ces observations recoupent les résultats de l'étude de Baltimore, qui a démarré trois ans plus tard, soit en 1958, étude qui est toujours en cours et dont de nombreux chercheurs utilisent régulièrement les données pour mettre à l'épreuve leurs propres hypothèses (www.grc.nia.nih.gov/).

On peut en conclure que le vieillissement est un phénomène aux multiples facettes qui affecte différemment les personnes et les groupes. Il vaudra donc veiller à éviter de s'en faire une vision stéréotypée.

Le point de vue des aînés: «Bien vieillir, c'est vieillir de bonne humeur».

Parmi les nombreux modèles de vieillissement réussi, celui de Rowe et Khan (1987, 1998) est sans doute celui qui a eu le plus d'impact. Pour ces auteurs, la réussite du vieillissement repose sur trois enjeux, soit de réduire le risque d'être malade ou de souffrir d'une incapacité chronique, de voir à demeurer physiquement et intellectuellement alerte, et de maintenir un engagement actif dans ses relations et ses activités sociales.

Ce modèle est cependant de plus en plus battu en brèche pour plusieurs raisons. Premièrement, il est jugé peu réaliste, compte tenu de la prévalence des maladies et des incapacités de toutes sortes qui surviennent à mesure qu'on avance en âge. Par exemple, au Québec, l'espérance de vie en bonne santé (sans limitations d'activités) s'établit présentement à 65.4 ans pour les hommes et à 68 ans pour les femmes (www.ecosante.fr/FRA/960100.htmQUEBl). Ces données sont difficiles à concilier avec les taux élevés de satisfaction face à la vie que l'on rapportait plus haut chez les 65 ans et plus et qui démontrent qu'il y a moyen de demeurer heureux même lorsqu'on est aux prises avec des ennuis de santé relativement importants.

Deuxièmement, on juge problématique l'expression même de *vieillissement réussi*, qui implique l'idée d'un échec pour les personnes qui ne parviennent pas à demeurer en santé et qui sont moins motivées à demeurer actives et engagées dans leur réseau social.

Troisièmement, ce modèle ne tient pas compte de la dimension très subjective de la satisfaction face à la vie, laquelle est déterminante dans le fait de bien vieillir. À cet égard, des études ont montré qu'un pourcentage significatif de répondants aux prises avec des limitations importantes perçoivent néanmoins leur existence comme leur offrant une grande qualité de vie, tandis qu'à l'inverse, une portion significative de sujets en bonne santé disent bénéficier d'une faible qualité de vie (Pennex et autres, 1998 et Covinsky et autres, 1999).

Dans la même ligne de pensée, une recherche menée auprès de 867 personnes âgées a ainsi trouvé que la moitié d'entre elles disaient bien vieillir alors que moins de 20% de celles-ci répondaient aux conditions formulées par Rowe et Khan (Strawbridge et autres, 2002).

Des chercheurs québécois ont interrogé 36 femmes âgées sur leur conception du bien vieillir et ont obtenu des résultats qui diffèrent de beaucoup eux aussi des trois conditions de Rowe et Khan (Laberge et collègues, 2003). Les critères mentionnés les plus souvent sont les suivants:

-savoir apprécier les petits plaisirs de la vie et afficher une attitude positive face aux pertes reliées au vieillissement;
-disposer des ressources matérielles suffisantes pour répondre à ses besoins;
-demeurer de bonne humeur et vivre sereinement;
-se garder actif dans un réseau social chaleureux;
-demeurer autonome et ne pas trop souffrir de maladies chroniques, sans nécessairement être exempt de maladie.

Il y a donc lieu de mettre plutôt l'accent sur l'adaptation au vieillissement, qui est de faire de son mieux avec les moyens que l'on a (Baltes et Smith, 2003). Cette proposition pleine de sagesse nous servira de conclusion provisoire. Les autres développements du présent volume nous permettront de voir plus clair dans les facteurs et les stratégies qui aident à bien vieillir.

(Pour une bonne synthèse de la problématique du vieillissement réussi, voir Aguerre et Bouffard, 2003, ainsi que Pushkar et autres, 2003.)

Chapitre 2

DEMEURER ENGAGÉ

LA THÉORIE DE L'ACTIVITÉ

> *«Il ne faut pas sortir de l'action.*
> *Aller voir les spectacles, les films, s'intéresser à*
> *ce qui se passe, marcher, regarder.»*
> -Dominique Michel (Bergman, 2005, p. 19).

Dans ce chapitre, nous examinerons la théorie à l'effet que les activités et les rôles ont une influence positive sur la santé autant mentale que physique. Nous réfléchirons sur le concept de satisfaction face à la vie et nous terminerons par une critique de cette théorie.

Que l'on doive demeurer actif le plus longtemps possible à la vieillesse relève du sens commun aussi bien que de la théorie et de la recherche en gérontologie. Avec le maintien de la santé et des fonctions cognitives, c'est celui d'une *implication active* dans sa vie que des gérontologues perçoivent comme les facteurs-clés de la réussite du vieillissement (Rowe et Khan, 1998).

Dès 1953, Ruth Albrecht publiait avec Robert Havighurst un volume intitulé *Older People* jugé suffisamment d'actualité pour être réédité près de trente ans plus tard (Havighurst, 1980). Les auteurs y affirmaient que la réussite du vieillissement est reliée au nombre d'activités auxquelles on continue de s'adonner, et que la perte des différents rôles (travailleur, conjoint, parent, propriétaire...) entraîne une baisse de satisfaction face à la vie.

Nous avons là les concepts de base de la théorie, soit l'importance des activités et des rôles, la nécessité de remplacer les rôles perdus de manière à maintenir un niveau optimal d'activités, et la satisfaction conséquente face à la vie. Laissons la parole aux pionniers de la théorie.

> «Tout comme la personne plus jeune, en plus du confort physique, la personne âgée recherche la reconnaissance sociale, la sécurité émotive, l'expression sexuelle, la détente, ainsi que de nouvelles expériences». (Cavan et autres, 1979, copyright 1949, p. 77)

Or, c'est lors des interactions avec son entourage que ces différents besoins se trouvent comblés. C'est ici que s'opère la jonction entre le psychologique et le sociologique, nommément par le concept de rôle. Un rôle est l'ensemble des activités que l'on est censé accomplir, compte tenu de la place que l'on occupe dans l'organisation sociale comme parent, travailleur, secrétaire de comité, membre d'une chorale, etc.

Les rôles revêtent aussi une importance primordiale dans la mesure où ils servent de points d'ancrage pour l'identité et permettent de se sentir relié à son milieu :

> «L'intégration sociale se définit comme la participation à un large éventail de relations sociales. Ce concept comporte une composante comportementale, soit l'engagement dans une série d'activités ou de relations sociales, et une composante cognitive, à savoir le sentiment d'appartenance communautaire et d'identification à ses rôles sociaux.» (Cohen, 2004, p. 677, renvoyant à Brissette et autres, 2000).

Le fait d'être actif dans son milieu se traduit nécessairement par des rôles, que ce soit celui de membre d'une communauté paroissiale, de bénévole dans un organisme communautaire, ou même par des rôles informels comme celui de membre d'un groupe de retraités qui se réunissent périodiquement pour un repas au restaurant.

Or, le fait d'assumer un rôle se traduit par un ensemble d'attentes, et en les réalisant, on bénéficie d'une kyrielle d'avantages. On se trouve confirmé dans son identité et dans sa valeur personnelle, on en retire le sentiment que sa vie est prévisible et stable, et on éprouve un sentiment d'appartenance ayant pour effet d'accroître ses sentiments positifs et de dédramatiser ses expériences négatives (Cohen, 2004, p. 679).

Ce sentiment d'appartenance se traduit par des plaisirs bien concrets, comme l'échange de taquineries chaleureuses et les plaisanteries spécifiques à l'histoire du groupe, en même temps que par l'échange de services.

Activités et santé physique

Outre ces effets sur la santé mentale, de nombreuses recherches, dont des études longitudinales d'envergure, confirment le lien entre le niveau d'activités et la satisfaction face à la vie, les analystes en concluant que «les sujets qui demeurent actifs sont plus susceptibles d'être heureux et en santé» (Palmore, 2002, p. 1375; Cohen et collègues, 2006).

On a aussi établi des corrélations entre une plus grande intégration sociale et de meilleures chances de survivre à une crise cardiaque et d'éviter la récidive d'un cancer, moins de problèmes de dépression et d'anxiété, et plus de chances de maintenir ses facultés cognitives intactes (Cohen, 2004, p. 670; Herzog et autres, 2002, p. 599-600).

Enfin, d'autres recherches font un lien entre l'activité physique et le maintien des performances cognitives. Par exemple, plusieurs études ont montré que des séances de conditionnement physique pouvaient améliorer certaines fonctions cognitives chez des aînés sédentaires, même si on ne voit pas encore très bien comment l'activation cardiovasculaire peut entraîner de telles améliorations (Colcombe et Kramer, 2003, p. 128).

Activité: **un concept à préciser**

Il y a toutefois lieu de nuancer le tableau. On a constaté depuis longtemps que le niveau d'activité peut baisser sans que le degré de satisfaction ne s'en trouve affecté (Maddox, 1970). Havighurst et collègues (1968) ont remarqué eux aussi que des personnes peuvent regretter les activités qu'elles ont dû abandonner mais ne pas s'en trouver plus malheureuses pour autant.

Ces résultats discordants s'expliquent sans doute par le fait que l'on se contente souvent de mesurer la quantité d'activités, plutôt que la signification que celles-ci revêtent pour les intéressés. On leur demande par exemple combien de contacts par semaine ils ont avec leurs voisins ou leur famille, ou combien de fois par mois ils participent à des rencontres sociales, mais sans chercher à identifier l'impact de ces contacts.

Les deux propositions suivantes sont probablement fausses parce que simplistes: davantage d'activités et plus de satisfaction, moins d'activités et moins de satisfaction. C'est pourquoi Herzog et autres (2002, p. 603) estiment que les chercheurs doivent mesurer l'impact d'activités spécifiques plutôt que de se fier à des indicateurs globaux.

L'enjeu est important car la théorie de l'activité risque autrement de se dégrader en théorie de l'activisme. Et de fait, en misant sans nuances sur la théorie, des intervenants bien intentionnés font parfois pression sur des personnes âgées pour les engager contre leur gré dans des activités qui ont peu de sens pour elles.

Ceci dit, beaucoup de programmes d'activités demeurent pertinents et les intervenants ont raison de se montrer incitatifs, surtout au début. Dans une communauté religieuse, on déplorait un taux de démence élevé chez les religieuses âgées. Les gérontologues appelés en consultation firent l'hypothèse que ces symptômes étaient un refuge contre la dépression.

Sous leur recommandation, on prit l'habitude d'inciter les religieuses âgées à rendre différents services dans leur entourage: visiter des personnes âgées à domicile ou des mères d'enfants en bas âge, apporter la communion à des malades à domicile... Suite à la mise en application de ce programme, les symptômes de confusion étaient devenus l'exception plutôt que la règle.

Rôles et sorties de rôles

Le rôle, qui indique ce qu'on est censé faire, implique un modèle culturel qui influence les attentes des proches à l'endroit du sujet, car selon que ce dernier se conformera ou non à ces attentes, il sera approuvé ou blâmé, plus ou moins subtilement. Car qui dit *attentes* dit aussi *évaluation*.

En fonction de ses différents statuts ou identités sociales, la personne cheminera ainsi dans un enchaînement de rôles: fils ou fille, ami, étudiant, employé, conjoint, parent, retraité, veuf ou veuve...

Or, certains vivent le décès de leur conjoint avec soulagement, en particulier lorsqu'il était gravement malade et souffrant. Et de nombreux travailleurs vivent aussi leur retraite comme une libération.

Il arrive donc qu'un rôle soit perçu comme lourd à assumer par celui qui doit le *remplir* (le terme est expressif). Il arrive aussi qu'il y ait surcharge de rôles, c'est-à-dire que l'on doive s'acquitter de plusieurs rôles à la fois et que l'on manque du temps et de l'énergie nécessaires pour s'acquitter à sa satisfaction de toutes ses obligations.

Au surplus, plus les rôles sont nombreux, plus ils risquent d'entrer en conflit (pensons entre autres aux rôles de travailleur et de parent). Ce conflit entraînera bien sûr une baisse de la satisfaction, voire un excès de stress (Coverman, 1989). C'est pourquoi tant de personnes accueillent avec soulagement certaines sorties de rôles, ce qui est contraire à la théorie de l'activité.

Personne âgée: un statut vide de sens?

Le statut de retraité ou celui de veuf ou de veuve, mais plus fondamentalement encore celui de personne âgée en général, apparaît comme un statut vide de sens, dans la mesure où il n'est associé à aucun rôle précis (Rosow, 1985).

Le statut de personne âgée peut alors devenir aussi difficile à vivre que celui du chômeur, qui est lui aussi un statut vide, sans rôles correspondants.

Les théoriciens des rôles, qui sont des alliés naturels pour les partisans de la théorie de l'activité, estiment en effet que ce n'est pas tant l'activité comme telle qui est gratifiante, mais bien celle qui relie à la communauté, celle qui identifie par rapport aux autres, et donc celle qui est structurée par un rôle.

Les rôles informels

Il a été question jusqu'ici de rôles formels, c'est-à-dire de ceux qui sont attribués ou reconnus à l'intérieur d'un statut bien défini: les rôles du parent, ceux du préposé à l'entretien, etc. Il existe aussi des rôles informels qui ne sont pas liés au statut de la personne, mais aux relations spontanées que celle-ci entretient avec ses proches.

Ces rôles informels se développent souvent à la suite d'une demande qui est faite au sujet ou d'une initiative qui est prise et qui est appréciée par ses proches. Ce comportement deviendra par la suite l'objet d'attentes à son endroit, lorsque la même situation se représentera.

Par exemple, une résidente offre à sa voisine de pousser son fauteuil roulant jusqu'à la salle à manger. Si la chose se passe bien, cette voisine s'attendra à revivre l'expérience et la préposée qui s'est ainsi trouvée dispensée d'une de ses tâches développera probablement les mêmes attentes elle aussi. La bonne samaritaine développera quant à elle le sentiment que cette tâche fait désormais partie de sa routine, ou plutôt de ses *fonctions* quotidiennes: un rôle informel sera né.

De nombreux rôles informels surgissent du simple fait que des personnes interagissent régulièrement. En voici quelques exemples: le rôle de bouc émissaire, qui sert à canaliser l'agressivité du groupe; celui d'amuseur, qui sert à faire rire ou à distraire (avec une chanson ou une histoire); le rôle de médiateur, qui fait le lien entre différents sous-groupes; le rôle de leader, qui sert de point de référence lorsqu'il y a des décisions à prendre; le rôle de confident, qui permet à certaines personnes de ventiler leurs émotions dans les moments difficiles...

Ces rôles existent sans mandat. Dans un organisme ou dans un comité, on élit une présidente et une secrétaire, mais rarement un amuseur, un confident ou un bouc émissaire... Par ailleurs, une fois que quelqu'un se retrouve dans l'un ou l'autre de ces rôles, il devient l'objet d'attentes précises. Dans certaines circonstances, il *doit* faire rire, prendre le blâme, écouter, etc.

À la différence des rôles formels, les rôles informels ne tendent pas à décliner avec l'âge. Ces rôles, en effet, ne sont pas liés à un statut toujours susceptible de changer (celui de travailleur, de soutien de famille, etc.), mais ils sont plutôt liés aux dispositions de l'intéressé et à la dynamique que celui-ci met en place avec ses proches. Ceci permet à la personne vieillissante de recréer à loisir cette dynamique dans les différents réseaux où elle continue d'évoluer, compensant ainsi jusqu'à un certain point la perte de ses rôles plus formels.

Dans ces réseaux, les personnes âgées pourraient retrouver des rôles familiers ou faire l'apprentissage de nouveaux rôles, en tenant compte à la fois de leurs ressources et intérêts, et de leurs besoins ainsi que de ceux de leurs proches. Voici différents exemples tirés de la vie quotidienne.

Une femme fait du raccommodage pour une voisine qui a plusieurs enfants en bas âge. Une autre cuisine des plats pour une voisine moins autonome. Un homme déneige l'entrée d'une voisine plus âgée. Un pensionnaire dans une résidence privée passe le courrier aux chambres, tandis qu'une résidente met les tables et qu'une autre enlève la vaisselle après les repas.

Pendant qu'une femme visite sa mère dans un centre d'hébergement et l'aide à souper, son mari s'occupe d'un résident aveugle: il va chercher son plateau, lui en décrit le contenu, lui fait la conversation et lui apporte des petites gâteries à l'occasion.

Le phénomène des rôles informels nous renvoie au concept de réseaux de soutien, c'est-à-dire des personnes avec lesquelles on entretient des liens significatifs. Or, si plusieurs recherches ne font pas de lien direct entre le niveau d'activité et le niveau de bien-être, plusieurs autres permettent d'établir une corrélation entre ce niveau de bien-être et l'implication dans son réseau de soutien (George, 1990, p. 192 et Lee et Markides, 1990, p. S-39). Nous consacrerons le chapitre 8 à cette importante question des réseaux de soutien.

Composantes de la satisfaction

À la vieillesse comme aux autres âges de la vie, la satisfaction tient en partie à des facteurs objectifs comme la santé et le niveau de revenus, mais surtout à des facteurs subjectifs. Un des pionniers de la théorie de l'activité en était bien conscient lorsqu'il incluait dans la satisfaction face à la vie les composantes suivantes, qui débordent largement le simple fait de rester actif (Havighurst, 1961).

1. L'enthousiasme versus l'apathie. Selon ce critère, la personne qui «adore tricoter tranquillement dans sa berceuse» obtient autant de points que celle qui «adore rencontrer du monde dans des réunions».

2. La sérénité face à l'ensemble de sa vie. Nous y reviendrons au chapitre 11.

3. Le sentiment d'avoir atteint ses objectifs, quels qu'ils soient: «J'ai réussi à faire instruire mes enfants» autant que: «J'ai réussi à ne jamais faire de prison» (dans le cas où le père et les frères du sujet auraient eu des démêlés avec la loi).

4. Une image positive de soi: capacité de s'apprécier, de prendre soin de son apparence, d'être fier de ses réussites, de se sentir important pour d'autres... Nous y reviendrons au chapitre 7.

À l'aide de ces critères, on pourrait imaginer deux personnes qui vieillissent bien et dont l'une confierait: «J'aime bien rester tranquille chez moi et réfléchir sur la vie», tandis que l'autre dirait: «J'aime bien travailler en équipe et voir comment on peut améliorer les choses ensemble».

Les différences de personnalité influenceront donc autant la quantité que le genre d'activités auxquelles on s'adonne. Ceci dit, la corrélation avec le sentiment de bien-être vaut pour tous les types d'activités, qu'il s'agisse d'activités sociales ou physiques ou d'activités solitaires, et cette corrélation ressort d'études transversales (Warr et autres, 2004) aussi bien que longitudinales (Menec, 2003.)

Une critique de la théorie

On ne peut pas être contre la vertu. La théorie de l'activité doit donc conserver ses lettres de noblesse. Et pourtant… Examinons le témoignage suivant, rapporté après coup sous une forme plus littéraire.

> «Mon Dieu, faites que l'infirmière ne vienne pas! Elle veut mon bien, je sais, mais vraiment, je suis trop occupée pour faire des paniers. Je pense à ce jour où je suis allé cueillir des mûres avec Jean.
>
> «J'avais dix-huit ans et j'avais enroulé mes cheveux autour de ma tête de peur qu'ils ne s'accrochent aux ronces. Mais lorsque nous nous sommes assis à l'ombre d'un arbre, je les ai dénoués et ils se sont répandus sur mes épaules. C'est à cet instant que Jean m'a demandée en mariage. Je n'aurais peut-être pas dû me servir de mes cheveux pour le séduire, mais nous avons été très heureux ensemble.
>
> «Oh! La voilà avec ses ciseaux et sa colle. Du découpage? –Non vraiment, croyez-moi, je n'ai pas le temps. Toute ma vie, voyez-vous, j'ai travaillé pour les autres. Le temps est venu de mettre de l'ordre dans mes idées, dans mes souvenirs et mes tendresses. De penser à Jean. À sa mort. Elle était toute proche quand il m'a demandé: –Dénoue tes cheveux. –Oh! Jean, j'en ai si peu maintenant, et ils sont tout gris. –Je t'en prie, dénoue tes cheveux pour moi.
>
> «J'ai obéi. Il a tendu fébrilement ses mains pour caresser mes cheveux. Je n'ai qu'à fermer les yeux pour sentir encore ses mains.

> –Voyons, ouvrez les yeux dit l'infirmière. Vous n'allez pas dormir toute la journée.
>
> «Je sais, elle ne veut que mon bien. Elle me demande ce que j'avais l'habitude de faire quand j'étais à la maison. Du crochet? Du tricot? Oui, oui, j'ai fait tout cela, et la cuisine, et le ménage. J'ai même fait cinq enfants. Il m'est arrivé tant d'aventures pendant toutes ces années, de grands bonheurs, d'affreux malheurs. Je dois penser à tout ça; à l'époque, je n'avais pas le temps. Il faut que je trie mes souvenirs, que je les range dans les recoins de ma mémoire.
>
> «Elle me montre de jolies perles. Est-ce que je veux faire des bijoux avec elle? Elle est si gentille. Elle veut me distraire. Alors je dis: –Oui, bien sûr, une autre fois.» (Maclay, E., 1977)

Ce témoignage laisse entendre que certaines personnes âgées ne tiennent pas toujours à demeurer actives à tout prix. En l'insérant ici, nous ne voulons par remettre en question le travail des ergothérapeutes qui misent sur de multiples sortes d'activités pour prévenir la perte d'autonomie des personnes âgées à risque ou des personnes atteintes de dépression ou d'autres incapacités, ou pour favoriser leur réadaptation.

Idéalement, les programmes d'activités doivent être discutés et adoptés par l'équipe clinique de l'établissement (infirmières, préposées, ergothérapeute, directrice des soins) en fonction des besoins de la clientèle et dans le respect de la diversité des préférences et des besoins individuels.

Un membre de l'équipe devrait rencontrer chaque personne individuellement pour lui expliquer les buts de ces activités et les divers bénéfices qu'on en retire habituellement: maintien de l'autonomie physique, socialisation et impact sur le moral, stimulation cognitive, plaisir de bouger, de jouer, de créer, etc.

On pourrait inviter la personne à faire un essai loyal de quelques séances, après quoi on conviendrait de faire un retour avec elle sur sa réaction. La suite appartiendrait à l'équipe clinique: modification des programmes d'activités pour les adapter davantage aux préférences et aux besoins exprimés, et attitude à adopter face aux participants moins motivés de manière à éviter l'enrégimentation et l'infantilisation.

Dans beaucoup de cas, il y aura sûrement lieu d'offrir un petit accompagnement individuel, histoire d'aider les personnes concernées à ajuster leur image de soi (par exemple: «J'étais autrefois une personne totalement autonome et engagée dans des activités que je trouvais très stimulantes, et je suis maintenant une personne en perte d'autonomie qui doit s'adapter à un style de vie révisé à la baisse.»)

Ceci nous met sur la piste de la théorie suivante, soit la théorie du désengagement, qui vise à rendre compte des limites de la théorie de l'activité. Nous y consacrerons notre prochain chapitre, ce qui nous permettra de nuancer la théorie de l'activité.

Chapitre 3

SAVOIR RALENTIR

LA THÉORIE DU DÉSENGAGEMENT

> **Dans ce chapitre, nous réfléchirons sur le phénomène du désengagement à partir d'une théorie classique qui s'est trouvée relancée par des travaux récents. Nous critiquerons et nuancerons la théorie à l'aide du concept de désengagement sélectif ainsi qu'à partir de quatre profils de désengagement, avant de conclure à la diversité des parcours.**

À l'âge de 74 ans, Donald Hebb, mondialement connu pour ses travaux sur l'apprentissage à l'Université McGill, faisait la confidence suivante:

> «Pendant 35 ans, mes recherches ont représenté l'intérêt majeur de ma vie. Je travaillais six jours par semaine. Aujourd'hui, le besoin dévorant de manipuler des idées et des données ne me tenaille plus. Dans l'ensemble, je suis désormais spectateur.» (Hebb, 1979)

La réduction des interactions sociales à mesure que l'on vieillit représente une réalité bien documentée (Carstensen et autres, 1999, p. 174). Il y a près d'un demi-siècle, dans le cadre des Kansas City Studies of Adult Life, menées de 1956 à 1962, Elaine Cumming et William Henry (1961, p. 14) affirmaient que le fait de vieillir implique «un retrait ou un désengagement mutuel découlant d'une réduction des interactions entre le sujet qui vieillit et les membres de son système social».

Ce processus de désocialisation serait l'inverse de la socialisation vécue au début de la vie, tel qu'illustré par la figure suivante.

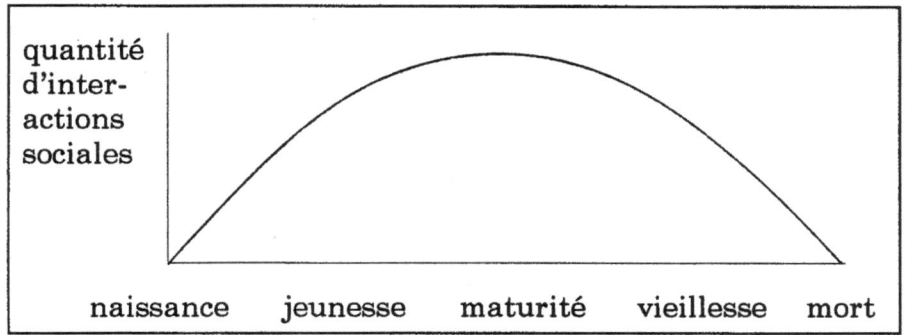

Figure 1: <u>Le désengagement comme désocialisation</u>.

Durant notre jeunesse, nous apprenons à occuper une place grandissante dans le système social, qui est consentant à nous faire cette place. C'est à la maturité que nous sommes le plus socialisés, c'est-à-dire que notre niveau d'interactions sociales est le plus élevé.

Lors de la transition de la maturité à la vieillesse, la courbe des activités s'infléchit et nous nous désocialisons progressivement à mesure que nous avançons en âge. Nous ralentissons le rythme de notre travail, nous déménageons dans un logement plus petit, nous perdons de vue certains amis et connaissances, etc. Comme monsieur Hebb, nous devenons moins *acteurs* et davantage *spectateurs*.

La sociologue Hochschild (1975, p. 553) campe ce phénomène comme suit:

«Dans toute culture, la société et l'individu se préparent à l'ultime désengagement de la mort par un processus de désengagement social avant la mort, lequel processus est inévitable, graduel et satisfaisant de part et d'autre.» (La personne vieillissante) «désire se désengager et le fait en réduisant le nombre de rôles qu'elle joue, en diminuant la variété de ses rôles et de ses relations, et en réduisant l'intensité de ceux qui restent.»

Un auteur écrit ceci à propos de la retraite: «Les gens *s'attendent* à prendre leur retraite, et leur entourage *s'attend* à ce qu'ils la prennent.»

(Ekerdt, 2002, p. 1217, les italiques sont de nous). Selon la théorie, il en irait ainsi pour la majorité des autres rôles, et ce processus serait fonctionnel de deux façons. D'abord, le désengagement libérerait des emplois pour la génération suivante. Ensuite, la marginalisation progressive de la personne âgée permettrait d'éviter que le fonctionnement de la société ne se trouve perturbé par sa mort éventuelle.

Désengagement et intériorité

Selon Cumming (1960): «Plus les gens sont âgés, plus ils ont de chances d'être situés à une forte distance de leurs proches et d'être préoccupés par leurs propres états intérieurs» (voir aussi Henry, 1965, p. 19).

Un psychiatre américain fait également observer que «les gens âgés manifestent souvent moins d'intérêt pour les relations interpersonnelles, ils apprécient davantage leur solitude, et sont davantage centrés sur leurs préoccupations intérieures» (Storr, 1988, p. 168).

C'est cette constatation qui a servi de rampe de lancement à la théorie du désengagement: dès la maturité, et donc *avant* que la société ne commence à la marginaliser comme étant *trop vieille*, la personne «devient plus passive dans ses façons d'interagir avec son environnement et elle réoriente d'une façon générale son énergie du monde extérieur vers son monde intérieur» (Neugarten, 1980, p. 205).

Désengagement affectif et augmentation de la satisfaction

De nombreuses recherches font ressortir une réduction de l'intensité des émotions à mesure que l'on avance en âge. Mentionnons entre autres la recherche déterminante de Lawton et autres (1992, suivie de Lawton 1996), Gross et autres (1997), Birditt et Fingerman (2003), Pasupathi et autres (2002), et Tsai et autres (2000).

Ces recherches établissent une certaine baisse de l'implication affective en vieillissant, sans que cela n'affecte la satisfaction à vivre, bien au contraire. Le désengagement serait donc à comprendre sur le double registre de l'abandon de certains rôles et de la réduction de l'intensité des réactions affectives face aux événements de la vie, et il s'agirait là d'un phénomène d'adaptation.

Les recherches de Tornstam

Un sociologue suédois (Tornstam, 1996, 2000) a relancé la discussion sur la théorie du désengagement en affirmant qu'«on a perdu quelque chose en l'écartant» (1996, p. 39). Dans ses recherches sur l'expérience de la solitude auprès de sujets âgés entre 15 et 80 ans, celui-ci a constaté que le degré de solitude diminuait avec chaque groupe d'âge, en dépit des pertes de rôles et des autres pertes, ce qui l'a amené à «reconsidérer la théorie du désengagement» (1996, p. 39-40).

Suite à une étude qualitative auprès de Suédois âgés et à une étude auprès d'un échantillon contrôlé de 912 Danois âgés, le sociologue a noté que ses sujets manifestaient «une redéfinition du temps et de l'espace, de la vie et de la mort, et une redéfinition d'eux-mêmes et de leurs relations avec les autres, les personnes âgées devenant davantage sélectives dans le choix de leurs activités sociales et autres» (1996, p. 42).

Il en déduit que les gens âgés ne devraient pas se sentir coupables de se désengager (p. 42), d'autant plus que cette nouvelle sensibilité qui amène à se sentir porté à «philosopher en solitaire» n'est pas incompatible avec le maintien d'un certain niveau d'activités de son choix (p. 47).

Ces recherches et ces développements théoriques représentent à n'en pas douter une intéressante pièce au dossier de la théorie du désengagement.

Le désengagement sélectif

Ne serait-ce que par les controverses qu'elle a engendrées, la théorie du désengagement a profondément marqué le champ de la gérontologie, et aujourd'hui encore, elle continue de stimuler de nouvelles formulations théoriques et de nouvelles recherches (Passuth Lynott et Lynott, 2002, p. 359).

Parmi les théories émergentes, l'une des plus intéressantes se présente sous le nom de la *sélectivité socioémotionnelle*, qui reprend en partie les observations de Tornstam. Ses auteures estiment que les interactions sociales sont sous-tendues par deux grandes motivations, soit l'acquisition d'informations et la régulation des émotions (Carstensen et autres, 1999, 2006).

Durant la jeunesse, le temps est perçu comme illimité et la motivation dominante est d'élargir ses horizons, ce qui amène à emmagasiner des informations de toutes sortes et à créer une foule de contacts sociaux. À la vieillesse, par contre, le temps se fait court et la dynamique motivationnelle se modifie. On commence à investir dans des valeurs sûres, ce qui amène à réduire ses contacts pour ne garder que ceux qui sont perçus comme les plus signifiants et les plus gratifiants, et donc les plus susceptibles de contribuer au maintien de son bien-être.

C'est la réduction de la perspective temporelle qui servirait de déclencheur à ce phénomène de contraction et en même temps d'enrichissement de l'espace social. Conscientes du nombre limité d'années qui leur restent, les personnes âgées décideraient de les vivre d'une façon qui leur convient vraiment, de manière à goûter au maximum la vie qui passe.

On a effectivement observé ce phénomène de sélectivité chez des individus plus jeunes dont l'horizon temporel était limité, notamment chez des personnes séropositives (Carstensen et Frederickson, 1998).

S'il faut en croire leurs recherches, ce phénomène s'enclenche bien avant la vieillesse.

> «Les taux d'interaction avec les connaissances, de même que la satisfaction face à ces interactions, déclinaient depuis le début jusqu'au milieu de l'âge adulte. Pendant ce temps, toutefois, les taux d'interaction avec le conjoint, les parents et les frères et sœurs se maintenaient ou augmentaient. Bref, la réduction des contacts avec les connaissances survenait longtemps avant l'apparition des pertes reliées à l'âge.» (Carstensen et autres, 1999, p. 173)

Ces clarifications confèrent de la crédibilité à la théorie du désengagement, en présentant ce dernier comme un processus sur lequel les intéressés conservent le contrôle en le faisant servir au maintien de leur bien-être et à la consolidation de leur image. Bref, on se désengage d'un certain nombre d'activités et de relations pour se replier sur celles qui sont perçues comme les plus gratifiantes.

Chose intéressante, cette équipe de chercheurs fait le même lien que les pionniers de la théorie entre le désengagement et la perspective de la mort. Le désengagement, du moins en dehors des relations privilégiées avec ses proches, aurait donc nettement quelque chose à voir avec le fait d'avancer dans son cycle de vie (Baltes et Carstensen, 1999, p. 215).

Ceci ne veut pas dire toutefois que les personnes âgées qui se désengagent ne font plus qu'attendre la mort. Au contraire, c'est pour mieux savourer la vie qu'elles investissent dans des valeurs sûres, c'est-à-dire leurs liens signifiants avec leurs proches (Carstensen et autres, 2006, p. 347).

Le désengagement ainsi compris n'a rien à voir avec une démission, mais on doit plutôt le comprendre comme un repli stratégique qui permet de profiter au maximum des années qui restent.

Critique de la théorie du désengagement

Dans les années 80 et 90, la théorie du désengagement a été plutôt mise à mal. Par exemple, Atchley écrivait: «Après vingt ans de recherche, il est clair que le désengagement n'est ni naturel ni inévitable et que la plupart des cas de désengagement résultent d'un manque de possibilités pour le maintien de l'engagement» (1987, p. 186).

Mais l'auteur parlait de «la plupart des cas». Il y avait donc dans son esprit des cas où l'on déciderait spontanément de se désengager, ce qui laissait entendre que la théorie s'appliquerait au moins à une certaine catégorie de personnes âgées.

D'autres étaient plus expéditifs: «La théorie du désengagement a perdu tout appui» (Marshall et Levy, 1990, p. 246); «Le débat *désengagement versus activité* est globalement perçu comme spécieux» (George, 1990, p. 188).

Ce qui était rejeté, toutefois, c'est la compréhension sommaire de la théorie qui équivalait à quelque chose comme: «Si vous voulez bien vieillir, cessez d'être actifs». Au-delà des maladresses de formulation, la théorie contient selon nous un noyau de validité constitué des trois propositions suivantes:

1. <u>Le déclin est inévitable</u>

La courbe socialisation/désocialisation montre bien que le déclin est inévitable. Or, qui dit déclin irréversible dit désengagement incontournable.

2. <u>Les deuils sont nécessaires</u>

Vieillir implique de multiples pertes. Or, toute perte requiert un travail de deuil, et tout deuil consiste pour l'essentiel dans une démarche de désinvestissement ou de désengagement affectif par rapport à ce qui a été perdu.

Ce désinvestissement sera parfois suivi d'un réinvestissement dans d'autres activités ou d'autres rôles. Dans d'autres cas toutefois, les remplacements ne sont plus possibles, et l'on devra se contenter de se désinvestir. À soixante-quinze ans, on peut encore créer de nouvelles relations pour remplacer celles qu'on a perdues. Mais on ne peut plus se donner de nouveaux frères et de nouvelles soeurs pour remplacer ceux qui sont décédés, ni se donner une nouvelle jeunesse, une nouvelle carrière ou de nouvelles jambes.

3. <u>Il faut apprendre le lâcher prise</u>

Parvenus à un âge avancé, Erikson et ses collègues écrivent ce qui suit:

> «La vieillesse est nécessairement un temps pour abandonner: les amis de longue date, les vieux rôles, le travail qui a été significatif à une époque

> révolue, et même les possessions qui sont devenues un obstacle à la flexibilité et à la liberté qui conditionnent l'adaptation aux défis imprévus de l'étape finale de la vie» (1986, p. 332-333).

Ces réflexions aident à mettre en perspectives l'intuition centrale de la théorie, qui fait du désengagement une tâche majeure pour la personne qui avance en âge, tâche qui se présente paradoxalement comme «l'engagement vital dans les désengagements nécessaires de la vieillesse» (Erikson, 1986, p. 33).

À cet égard, si certains désengagements sont prématurés, d'autres ne paraissent-ils pas *postmaturés*? Certains aînés s'accrochent à des responsabilités dont ils n'ont plus la force de bien s'acquitter; d'autres, devenus frêles refusent de quitter une maison qu'ils ne peuvent plus entretenir et qui est devenue dangereuse pour eux alors que leurs proches souhaiteraient les voir s'installer en résidence, etc.

Au contraire, des retraités refusent des offres de retourner sur le marché du travail, des veuves ou des veufs choisissent de ne pas se remarier, des gens qui en ont les moyens préfèrent cesser de voyager, déménagent «dans plus petit», cessent de pratiquer des sports qu'ils perçoivent désormais comme trop exigeants pour eux, etc.

À cet égard, désengagement et détachement vont sûrement de pair (Aldwin et autres, 2006, p. 98-99). Il y a lieu de croire que c'est cette intuition qui inspire toute la théorie du désengagement.

Quatre profils de désengagement

Nous avons vu que le désengagement comporte une dimension sociale (perte ou sortie de rôles) et une dimension affective (détachement par rapport aux rôles perdus ou abandonnés et baisse de l'intensité des émotions en réaction aux événements de la vie). La typologie suivante correspond à quatre façons de composer avec ces deux variables.

1. Désengagement social sans détachement affectif —> vieillissement triste ou grinçant.

Ce profil est celui des gens qui n'ont pas réussi leur désinvestissement affectif face à leurs pertes. Ils sont amers face à la vie et face à leur entourage, ou encore ils sont tristes et portés à s'isoler ou à démissionner.

2. Désengagement social accompagné de détachement —> vieillissement serein.

Les adeptes de ce profil ont complété le deuil de leurs pertes et se sont développé une philosophie de vie adéquate: «J'ai fait mon temps», «J'ai eu une belle vie», «Je suis prête à partir», «Je prends ce que la vie me donne»... Voici une illustration.

> «Mon grand-père était très actif dans plusieurs domaines: à son travail, comme président d'un comité dans une caisse populaire, comme secrétaire à l'Âge d'or, et comme participant à deux chorales. Il a progressivement laissé son travail, ses comités, son secrétariat, et une des deux chorales, mais c'était correct pour lui. Il disait qu'il était temps que d'autres prennent sa place.»

3. Désengagement social suivi de réengagement sélectif—> vieillissement serein.

Comme dans le profil qui précède, les membres du troisième profil se sont ajustés à leurs pertes mais se sont réinvestis dans certaines relations ou certaines activités perçues comme importantes pour le maintien de leur bien-être.

4. Désengagement ambivalent —> moral en dents de scie.

Les sujets de ce profil sont en train de s'ajuster à leurs pertes, et ils vivent les hauts et les bas de tout deuil. Ils sont tantôt amers, dépressifs et portés à s'isoler, et tantôt portés à se rapprocher des autres et à cultiver les petits plaisirs de la vie.

Des trajectoires multiples

Dans le premier chapitre, nous avons observé une grande variété dans les parcours de vieillissement, telle que corroborée par de nombreuses recherches. Par exemple, trois chercheures ont analysé les données d'une vaste enquête de Statistique Canada dans le but d'explorer les liens entre la santé, le niveau d'activités et la satisfaction face à la vie des Canadiens âgés. Après avoir fait référence à la théorie du désengagement et à la théorie de l'activité, elles concluent ceci:

> «Il n'y a pas de formule idéale pour bien vieillir.» (…) «Le fait de bien vieillir ne se limite pas à des degrés élevés de participation. Les Canadiens plus âgés qui vieillissent bien sont en mesure de trouver un équilibre entre leur niveau d'activité, leur situation et leurs ressources» (Stobert et autres, 2006, p. 7).

Le fait de bien vieillir ne dépend pas non plus d'une façon absolue de la santé.

> «Comme chez les femmes, une proportion considérable d'hommes (16 % à 20% selon l'âge) étaient moins en santé mais satisfaits de leur vie. Tant chez les femmes que chez les hommes, ces résultats montrent que les individus n'ont pas besoin d'être en bonne santé pour être satisfaits de leur vie et que la bonne santé n'est pas un gage d'un degré élevé de satisfaction globale» (p. 22).

Bref, les personnes âgées qui vieillissent bien se recrutent parmi celles qui sont actives **et** parmi celles qui le sont moins, ainsi que chez celles qui sont en santé **et** chez celles qui le sont moins. Ces observations font donc intervenir des facteurs de personnalité, ce qui fera l'objet de nos prochains chapitres.

<u>Demeurer actif ou ralentir…</u>

La théorie de l'activité et la théorie du désengagement se contredisent à première vue, mais si on admet que certaines sorties de rôles sont accueillies avec soulagement voire même recherchées, que c'est la qualité plutôt que la quantité des activités qui importe, et que la satisfaction face à la vie a des composantes subjectives, la théorie de l'activité ainsi nuancée se rapproche alors du concept de *désengagement sélectif*.

Une fois qu'on a apporté à chacune de ces théories les nuances qui s'imposent, il est frappant de constater à quel point elles peuvent toutes deux s'appliquer pour rendre compte des mêmes faits. Voici une illustration.

> «J'ai eu la chance de passer à côté de la plupart des souffrances de la vieillesse. Je profite encore des plaisirs de l'esprit, de la vision et de l'ouïe. La vie devient plus facile à mesure que les émotions se calment; comme les désirs perdent de l'intensité, les frustrations sont moins grandes elles aussi lorsque les désirs ne se réalisent pas. Mais le plus grand avantage de la vieillesse est qu'on ne se fait plus de souci à propos du futur, étant donné qu'il en reste si peu.»

Ce témoignage contient de multiples traces de désengagement. Mais il provient d'un *désengagé* qui est demeuré actif... Son auteur a publié à l'âge de 95 ans une autobiographie au titre révélateur: *La vie commence à 65 ans* (Blumenfeld, 1987).

Demeurer actif, ralentir, se désengager et se réengager sélectivement... Il y a de la place pour bien des parcours. Le sociologue et gérontologue Victor Marshall est désormais d'avis que la théorie du désengagement n'a pas fini de nous influencer (1999, p. 450). Nous le pensons aussi.

Chapitre 4

MAINTENIR SES ACQUIS

LA THÉORIE DE LA CONTINUITÉ

*«La vie m'a beaucoup changée,
mais elle m'a laissée pratiquement la même.»*
— Florida, 83 ans

> **Dans ce chapitre, nous nous pencherons sur le concept de personnalité comme ensemble de dispositions stables, nous verrons comment la théorie de la continuité permet de conjuguer la stabilité et l'adaptation au changement, et nous terminerons par un coup d'œil aux stratégies d'adaptation à la vieillesse.**

À l'âge de 72 ans, Simonne Monet-Chartrand confiait ceci: «Ce qui m'étonne, c'est de constater qu'on ne s'améliore pas en vieillissant. On n'est pas plus sage.» (Richer, 1992). Nous pouvons parfois regretter de garder la même personnalité tout au long de la vie, mais cette stabilité s'avère précieuse car elle nous permet de maintenir nos acquis et de nous adapter à notre façon aux aléas du vieillissement.

C'est cette observation qui constitue le cœur de la théorie de la continuité, dont les premières formulations remontent au milieu du siècle dernier, comme en fait foi l'exemple suivant.

> «On devrait s'attendre à ce que les personnes âgées réagissent aux changements et aux crises de la vieillesse essentiellement de la même façon dont elles ont réagi plus tôt dans leur vie.» (Cavan et autres, 1979, p. 76, d'abord publiés en 1949).

N'est-ce pas l'équivalent de l'adage «on vieillit comme on a vécu»? Neugarten (1977) disait pour sa part qu'«il est préférable de voir le vieillissement comme un processus d'adaptation dans lequel la personnalité est l'élément clé».

La stabilité de la personnalité

Les psychologues ont inventé le concept de personnalité pour désigner ce qui nous caractérise comme individus. Notre personnalité représente notre façon typique d'interagir avec notre environnement, selon notre sensibilité, nos valeurs et préférences, nos idées et nos sentiments (Mroczek et Spiro, 2002, p. 1076).

Pour parvenir à identifier les dimensions de la personnalité, des équipes de chercheurs ont utilisé une méthode ingénieuse, en partant du principe que les différences entre les gens se trouvent reflétées dans le langage, en particulier dans les adjectifs (chaleureux, détendu, agressif, lent, etc.).

Ils ont dressé de longues listes de ces termes descriptifs et ils ont demandé à des répondants de les utiliser soit pour se décrire eux-mêmes, soit pour décrire une personne qu'ils connaissaient bien. Ils ont ensuite analysé les résultats pour voir quels termes variaient ensemble (par exemple, un individu décrit comme *pratique* tend à être aussi décrit comme *préférant les choses familières*, et un autre décrit comme *impulsif* tend à être aussi décrit comme *facile à contrarier*).

Or, dès les années trente, ces recherches menaient à la conclusion que l'on peut rendre compte de l'ensemble des différences entre les gens à partir de seulement cinq traits majeurs (Thurstone, 1934, p. 12-14). Des analyses répétées ont confirmé par la suite l'existence de ces cinq dimensions fondamentales (Digman, 1989, Peabody et Goldberg, 1989, Kogan, 1990, p. 333, Goldberg, 1990).

Le modèle des cinq traits de la personnalité

Deux psychologues américains ont consacré leur carrière à l'étude du lien entre personnalité et vieillissement et ils ont publié récemment une synthèse de leurs recherches (McCrae et Costa, 2006).

Les deux collègues définissent les traits de personnalité comme des «tendances à manifester des *patterns* cohérents de pensée, de sentiments et d'actions» (p. 25). Ces traits auraient «des fondements biologiques» (p. 234), ce qui serait confirmé par le fait qu'ils ont été observés non seulement dans des échantillons américains mais aussi en Corée du Sud, en Italie, en Allemagne, en Croatie et au Portugal (p. 91). Voici donc les cinq traits qui permettent de rendre compte des différences majeures entre les gens (p. 4).

1- Extraversion:

Score élevé: chaleureux, porté vers les autres, s'exprime spontanément, actif, aime le plaisir, passionné.
Score faible: réservé, préfère être seul, tranquille, passif, sobre, détaché.

2- Amabilité (ou aménité):

Score élevé: porté à s'ajuster aux autres, confiant, généreux, porté au compromis, tolérant, de bonne humeur.
Score faible: impitoyable, suspicieux, chiche, porté à s'opposer, critique, irritable.

3- Tendance à être consciencieux:

Score élevé: consciencieux, aime le travail bien fait, organisé, ponctuel, ambitieux, persévérant;
Score faible: négligent, peu ambitieux, peu organisé, en retard, peu porté à se donner des buts, laisse tomber facilement ce qu'il entreprend.

4- <u>Névrotisme</u>:

<u>Score élevé</u>: anxieux, facilement contrarié, préoccupé par soi, gêné, émotif, vulnérable.
<u>Score faible</u>: calme, d'humeur égale, acceptation de soi, bien dans sa peau, capable d'objectivité, capable de tolérer les frustrations;

5- <u>Ouverture à l'expérience</u>:

<u>Score élevé</u>: imaginatif, créatif, original, porté vers la variété, curieux, libéral.
<u>Score faible</u>: pratique, peu porté à l'innovation, conventionnel, préfère la routine, peu curieux, conservateur.

Ces traits ne représentent pas des types purs, mais ils se répartissent sur des échelles, chaque sujet pouvant être classé à plus ou moins grande distance des extrêmes. Les chercheurs estiment que la majorité de la population se répartit entre les extrêmes selon la courbe normale. Par exemple, il y a peu d'extravertis et d'introvertis typiques, la majorité des gens se situant vers le centre de l'échelle, et donc en combinant des traits d'extraversion et des traits d'introversion.

Or, de nombreuses recherches longitudinales, certaines s'étendant sur trente ans, font ressortir le fait que la position occupée sur chacune de ces échelles change très peu au fil du temps, ce qui amène les chercheurs à tirer la conclusion suivante:

> «Au cours de la trentaine d'années de leur vie adulte, la plupart des gens auront connu des changements radicaux. Ils auront pu se marier, divorcer, se remarier, déménager plusieurs fois et connaître des changements d'emploi, des promotions, la retraite... Des amis proches seront décédés ou auront été perdus de vue. Leurs enfants auront grandi et démarré leur propre famille. Ils auront lu des douzaines de livres, vu des centaines de films. Et pourtant, en vieillissant, la plupart d'entre eux n'auront pas changé d'une façon appréciable leur rang sur aucune des cinq échelles de la personnalité.» (McCrae et Costa, 2006, p. 112)

Stabilité et changement

Les chercheurs rapportent de légers changements, surtout au début de l'âge adulte:

> «De l'adolescence à la pleine entrée dans la vie adulte, les hommes et les femmes déclinent sur l'échelle du névrotisme, de l'extraversion et de l'ouverture, et augmentent leur score sur l'échelle de l'amabilité et de la tendance à être consciencieux.» (p. 96)

Plusieurs études font ressortir des changements analogues, que ce soit pour les traits névrotiques (Mroczek et Spiro, 2003; Small et autres, 2003) ou pour l'amabilité et la tendance à être consciencieux (Helson et autres, 2002a; Small et autres, 2003).

Suite à une analyse critique de plusieurs études, Helson et autres (2002b) affirment ceci:

> «Les faits semblent concluants: la personnalité change effectivement durant la vie adulte et ceci, autant pour les hommes que pour les femmes et quelle que soit la cohorte ou la nationalité de l'échantillon.» (p. 301)

Ces changements pourraient avoir un effet positif respectivement sur le sentiment de bien-être (moins de traits névrotiques), sur la socialisation (davantage d'amabilité), voire sur la santé des personnes âgées, les personnes plus consciencieuses négligeant moins les soins médicaux et les habitudes de vie saines (Mroczek et autres, 2006, p. 370).

Mais il n'est pas facile d'évaluer l'impact de ces variations statistiques sur la vie de tous les jours. McCrae et Costa (2006, p. 79-80) croient qu'elles sont modestes, allant de 1/3 d'une déviation standard dans les recherches de Helson à 1/6 de déviation standard dans leurs propres recherches. Pour tenter d'apprécier l'importance d'une variation de 1/3 de déviation standard, ils ont calculé qu'un homme qui mesurerait six pieds et deux pouces à l'âge de 30 ans en mesurerait six pieds et un à soixante-dix ans, ou que cet homme aurait pu engraisser de douze livres en quarante ans, ce qui serait très modeste comme changement.

Helson et autres (2002b, p. 303) estiment toutefois que des facteurs méthodologiques tendent à occasionner une sous-estimation de ces changements. La question est donc à suivre. En attendant, nos auteurs penchent vers la stabilité, ce qui les rend philosophes:

> «Peut-être est-ce malheureux que les gens ne continuent pas à se développer en vieillissant, mais il est rassurant de constater qu'ils ne régressent pas. Il n'y a pas lieu d'avoir peur de devenir acariâtre ou hypocondriaque en vieillissant, ou isolé dans notre coin et coupé du monde, ou encore de redouter que nos valeurs et nos opinions deviennent de plus en plus rigides et conservatrices.» (McCrae et Costa, 2006, p. 81-82)

Une autre équipe de chercheurs formule en termes de maturation les changements qui surviennent dans la vie adulte:

> «La maturité serait la capacité d'apporter une contribution active à la société en devenant davantage organisé et résolu, mais aussi plus sensible aux autres (traits découlant de plus hauts niveaux de Stabilité émotive, de Tendance à être consciencieux et d'Amabilité). Selon les résultats des recherches longitudinales, la plupart des gens semblent acquérir de la maturité en vieillissant et ceux qui prennent de la maturité plus tôt fonctionnent mieux dans leur vie amoureuse et professionnelle et sont aussi en meilleure santé.» (Caspi et autres, 2005, p. 469)

Nous pouvons donc conclure que la vie est faite de stabilité et de changement, dans la ligne des réflexions suivantes:

> «Nos vies changent et nous devons nous adapter. Notre sens de soi peut évoluer au rythme des changements qui surviennent dans les rôles, les valeurs, les attributs physiques et les relations qui sont au cœur de notre identité. Ne vous demandez pas comment les expériences de la vie modifient votre personnalité, mais demandez-vous plutôt comment votre personnalité façonne votre vie et lui donne direction, continuité et prévisibilité en même temps qu'elle vous permet de créer du changement ou de vous y accommoder.» (McCrae et Costa, 2006, p. 234-235)

La personnalité est un coffre d'outils qui demeure passablement le même tout au long de la vie. Mais ces outils, on peut apprendre à s'en servir de plus en plus adroitement pour relever les défis qui nous attendent en cours de route. Quelle que soit notre personnalité, nous pouvons ainsi *apprendre* à bien vieillir.

La théorie de la continuité comme théorie de l'adaptation au changement

McCrae concluait de ses recherches que «de toute évidence, les personnes âgées ne deviennent pas de plus en plus malheureuses en vieillissant» (2002, p. 313). Cette observation nous permet de faire le lien entre les recherches sur la stabilité de la personnalité et la théorie de la continuité.

Le sociologue américain Robert Atchley a brillamment relancé cette théorie du début des années 1970 à aujourd'hui, en révisant ses bases empiriques mais surtout en en reformulant les assises théoriques. Laissons-lui la parole:

> «La théorie de la continuité est née de l'observation selon laquelle, en dépit de changements majeurs dans la santé, le niveau de fonctionnement et l'environnement social, un fort pourcentage des personnes âgées manifestent une cohérence remarquable à travers les années dans leurs façons de penser, leur profil d'activités et leurs relations sociales.» (Atchley, 1995b, p. 227).

Pour faire face aux discontinuités dans leur vie (maladies, veuvage, déménagements, diminution de l'autonomie, etc.), les aînés vont s'appuyer sur leur système «très solide» d'idées et de croyances, d'attitudes et de valeurs. Ce système leur offre un cadre de référence et un répertoire de stratégies qui leur permettent de composer avec les changements sans connaître de crises majeures (Atchley, 2003, p. 126).

Les gens pourront donc vieillir tout en maintenant leurs acquis, nommément leur identité et leur vision du monde (continuité interne), ainsi que leurs rôles, leur style de vie et leur réseau de soutien (continuité externe) (Atchley, 1995b, p. 228).

La théorie tente ainsi de conjuguer continuité et changement en misant sur le fait que nous utilisons nos ressources d'adaptation pour maintenir nos acquis. Voilà un beau paradoxe: nous adapter (et donc changer) pour ne pas changer (c'est-à-dire pour maintenir nos acquis, notre autonomie et notre moral).

Comme la théorie de l'activité et la théorie du désengagement, la théorie de la continuité est ainsi une théorie du vieillissement réussi, et sa contribution est de rendre compte d'une donnée empirique majeure, à savoir le maintien de la satisfaction face à la vie dans la vieillesse.

Par exemple, selon des données de Statistique Canada colligées en 2005, le taux de satisfaction face à la vie augmente systématiquement du milieu de la vie à la vieillesse, à une seule exception près pour les hommes de 65-74 ans qui sont plus satisfaits que ceux de 75 ans et plus (Stobert et autres, 2006, p. 21).

Pourcentage des canadiens déclarant des degrés élevés de satisfaction au regard de la vie

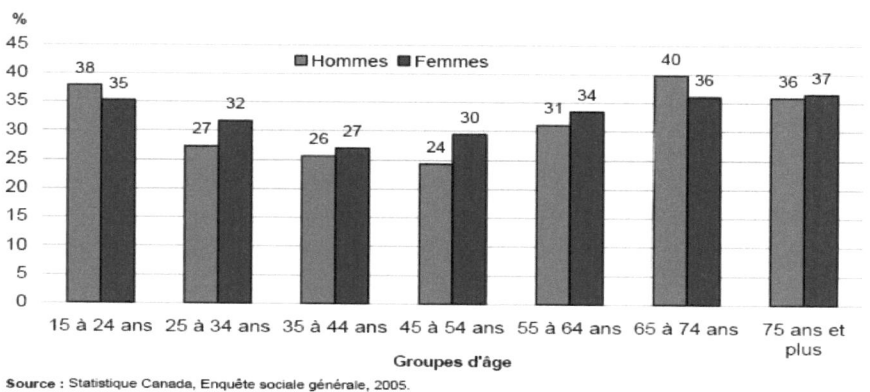

Source : Statistique Canada, Enquête sociale générale, 2005.

Figure 2: <u>Répartition des taux élevés de satisfaction face à la vie par groupes d'âges.</u>

Voilà bien ce que plusieurs chercheurs appellent *le paradoxe du vieillissement*:

> «En dépit des stéréotypes négatifs, de la perte de rôles capitaux comme l'activité professionnelle et le statut parental, de l'aggravation des problèmes de santé, de la réduction du nombre d'années à vivre, de l'amenuisement du soutien social et des autres pertes qui accompagnent généralement le vieillissement, la grande majorité des personnes âgées se disent heureuses ou au moins aussi heureuses qu'elles l'étaient plus jeunes.» (Pushkar et Arbuckle, 2000, p. 6)

La théorie de la continuité contribue à dénouer ce paradoxe en aidant à comprendre comment les personnes âgées demeurent essentiellement ce qu'elles sont tout en réussissant à s'adapter aux changements qui les confrontent. À cause de leur rôle central dans cette théorie, nous allons terminer ce chapitre en jetant un coup d'œil au phénomène des stratégies d'adaptation.

Les stratégies d'adaptation

«Maintenant, je joue toujours en double.»
-Un joueur de tennis de 80 ans

Vieillir, c'est s'adapter. Mais qu'est-ce que s'adapter? Allons-y d'une définition sommaire. Une stratégie d'adaptation est «un ensemble de réponses à une situation ou un événement stressant, orientées vers la résolution du problème ou la diminution du stress» (Costa et McCrae, 1989, p. 271). Quant au stress, on peut le définir soit comme une perte ou une menace de perte, soit comme la réaction physique et psychologique à cette perte ou menace de perte.

Les stratégies d'adaptation sont variées: avoir des réactions hostiles, s'engager dans une action rationnelle comme de chercher de l'aide, persévérer, isoler son sentiment ou l'exprimer, être fataliste ou penser positivement, se distraire, se réfugier dans ses fantaisies, nier le problème, se blâmer, se comparer à d'autres, prendre des calmants, recourir à une solution de rechange, se contrôler, se renforcer par l'épreuve, éviter la situation ou se retirer, se faire à l'idée, recourir à l'humour, devenir passif ou indécis, recourir à la religion... (Costa et McCrae, 1989, p. 277).

Les *stratégies d'adaptation*, qui sont des réponses dont le sujet est conscient ou dont il peut facilement devenir conscient, se distinguent des *mécanismes de défense*, qui eux, demeurent normalement inaccessibles à la conscience.

Les stratégies s'améliorent-elles avec l'âge?

Certains stéréotypes représentent les personnes âgées selon une vision bipolaire, c'est-à-dire soit comme rigides et incapables de s'adapter, soit à l'inverse comme possédant une sagesse qui leur permet de s'adapter à tout.

Les recherches transversales ne permettent pas d'établir de différences nettes entre les sujets âgés et les sujets plus jeunes, et les études longitudinales ne font pas ressortir elles non plus d'effet clair de la maturation sur le recours aux différentes stratégies. C'est donc plutôt la stabilité qui dominerait. Costa et McCrae (1989, p. 274) ont toutefois trouvé que leurs sujets âgés étaient portés à utiliser des stratégies plus socialisées.

Les facteurs de personnalité

Si les stratégies d'adaptation ne diffèrent pas beaucoup selon l'âge, elles varient sensiblement selon le type de personnalité. McCrae et Costa (1986) ont ainsi trouvé que les sujets qui avaient un score élevé sur l'instabilité émotive (névrotisme) utilisaient plus souvent les mécanismes suivants: réactions hostiles, refuge dans les fantaisies, blâmes adressés à soi-même, con-sommation de calmants, retrait, espoir que tout se règle tout seul et indécision.

Ces résultats sont dans la ligne de plusieurs autres recherches. L'analyse factorielle a permis d'opérer deux regroupements parmi les stratégies énumérés plus haut, soit les mécanismes sains dans l'agrégat suivant: action rationnelle, persévérance, pensée positive, retenue et se faire à l'idée, et les mécanismes moins sains tels que décrits à la fin du paragraphe précédent. (Dans cette recherche, les sujets identifiaient eux-mêmes les mécanismes sains comme plus efficaces, et les mécanismes moins sains comme moins efficaces.)

Un modèle de développement adaptatif

Le couple de gérontologues Paul et Margret Baltes a conçu un modèle de stratégies d'adaptation qui s'applique particulièrement à la vieillesse. Ce modèle repose sur une triple stratégie, soit la sélection, l'optimisation et la compensation. Nous résumerons la présentation de Freund et Baltes (2003, p. 28-31).

<u>La sélection</u>

Après avoir considéré les possibilités et les contraintes physiques, sociales et psychologiques auxquelles elle est confrontée, la personne se fixe des buts.

Les auteurs distinguent entre *sélection élective* et *sélection négative*, ce qui est logique. La sélection élective survient lorsque les contraintes sont moins importantes et qu'on peut se permettre de choisir assez librement ses priorités, comme de voyager ou de s'inscrire à de nombreux cours ou activités culturelles.

Quant à la sélection négative, on y a recours lorsque des pertes viennent rendre problématique le maintien de ses acquis. On se repliera alors autour des buts que l'on estime les plus importants. Il pourra s'agir de buts que l'on poursuivait déjà et qu'on ajustera au besoin à la baisse en fonction de la diminution de ses ressources, comme de continuer à jouer au tennis, mais seulement en double et seulement avec des partenaires peu compétitifs.

La sélection négative pourra aussi consister dans l'abandon d'anciens buts au profit de nouveaux buts jugés aussi gratifiants mais moins exigeants, comme de s'impliquer davantage dans sa collection de timbres après avoir dû cesser de jouer au tennis à cause de l'arthrose dans ses genoux.

L'optimisation

L'optimisation concerne la mise en place des moyens les plus judicieux pour atteindre les buts tels que définis ou redéfinis au moment de la sélection. (Nous parlons de moment et non d'étape car le modèle n'est pas linéaire et ses trois composantes demeurent en interaction constante.)

Pour y parvenir, le modèle propose les stratégies suivantes: acquérir de nouvelles ressources ou de nouvelles habiletés, saisir la bonne occasion, s'impliquer sérieusement et persister, se donner le temps nécessaire et imiter ceux qui réussissent.

La compensation

La compensation porte elle aussi sur la mise en place des moyens. La différence réside dans le fait qu'il s'agit ici de moyens d'appoint, comme des prothèses auditives ou des déambulateurs, ou encore comme le fait de recourir à la navette de la résidence parce qu'on ne peut plus conduire son auto.

Les stratégies utilisées pour l'optimisation seront appliquées ici aussi: nouvelles ressources, nouvelles habiletés, augmentation de l'effort et du temps requis, imitation de ceux qui réussissent bien… La principale différence réside dans le fait qu'il s'agit ici d'une stratégie conçue pour compenser le plus possible les effets d'une perte, que celle-ci soit reliée à l'aggravation d'une maladie chronique ou au déclin de la vue, de l'ouïe, de l'équilibre, de la force, ou que cette perte soit relationnelle (par exemple, suite au décès du conjoint dont les rôles étaient spécialisés: cuisinière, gestionnaire des finances du couple, responsable de la lessive et des menues tâches d'entretien, responsable de l'entretien de l'auto et des travaux plus lourds…).

Le modèle SOC (Sélection-Optimisation-Compensation) a le mérite d'opérationnaliser d'une façon plus fine la triple loi de la motivation ou de l'adaptation, qui est d'augmenter ses gains, de maintenir ses acquis et le cas échéant, de limiter ses pertes.

Ce modèle a aussi le mérite de projeter un éclairage pertinent sur les théories de l'activité et du désengagement, en montrant comment les personnes âgées tendent à maintenir leurs activités le plus longtemps possible, quitte à se replier sur des objectifs plus modestes le moment venu.

Nous poursuivrons notre exploration du développement adulte jusqu'à la vieillesse en examinant le phénomène du cycle de vie (chapitres 5 et 6), et celui de l'identité personnelle et du concept de soi (chapitre 7). Mais nous garderons aussi en tête le fait que la théorie de la continuité implique une bonne dose de flexibilité, sans quoi la dynamique du maintien des acquis se dégrade en rigidité et en refus d'évoluer, une misère que l'on connaît étant perçue comme préférable à un changement qui nous livre à l'inconnu.

Chapitre 5

AVANCER DANS SON PARCOURS

LES MODÈLES DU CYCLE DE VIE

> *«La vie m'a laissée la même,*
> *mais elle m'a beaucoup changée.»*
> — Florida, 83 ans

> **Ce chapitre nous donnera l'occasion d'aborder les concepts de développement et de cycle de vie. Après avoir examiné le modèle d'Erikson, nous découvrirons un deuxième schéma du cycle de vie, ce qui nous permettra d'apprécier les forces et les limites de ces modèles.**

Nous avons pris la liberté d'intervertir les deux membres de la réflexion placée en exergue du chapitre précédent, et qui se lisait originalement comme suit: «La vie m'a beaucoup changée, mais elle m'a laissée pratiquement la même.»

Après avoir campé dans le chapitre précédent le volet continuité, nous examinerons maintenant le volet développement. Commençons tout de suite en regardant comment un homme s'exprime sur le fait de vieillir.

> «Ce fut tellement simple d'atteindre mes cinquante ans. Je me trouve maintenant beaucoup mieux armé, avec une meilleure idée de moi-même, que je ne l'étais aux étapes précédentes de ma vie.
>
> «Quand j'avais trente ans, ma femme et moi en étions encore à planifier notre famille et à avoir des enfants. Je n'avais pas terminé la période d'apprentissage de mon métier...

> «A trente-cinq ans, j'étais ambitieux et actif, déchiré entre les exigences contradictoires de mon travail et de ma famille. À quarante ans, je luttais pour ne pas admettre que certains de mes rêves ne se réaliseraient jamais. Je regimbais contre l'injustice de la vie, sans me décider à vouloir l'accepter.
>
> «Mais aujourd'hui, j'ai cinquante ans! La plupart des questions majeures de ma vie ont trouvé une réponse; certaines me satisfont, d'autres moins. Je sais que des surprises m'attendent encore et j'espère ne pas avoir cessé de me développer. Mais les tempêtes et les incertitudes qui faisaient rage en moi quand j'étais plus jeune semblent maintenant s'être calmées.» (Kushner, 1986, p. 22-23).

Cet homme évoque les préoccupations qui ont occupé jusqu'ici les différentes périodes de sa vie. Comme pour chacun de nous, ces préoccupations ont gravité ou graviteront en bonne partie autour de l'entrée et de la sortie des rôles majeurs: devenir étudiant, travailleur, conjoint, parent; cesser d'être étudiant, parent, travailleur, conjoint...

Ce concept de rôle fait bien ressortir le fait que le cycle de vie s'inscrit dans une interaction constante avec le milieu, ce qui nous amène à réfléchir brièvement sur l'influence de notre âge sur notre vie.

<u>Âge légal et âge social</u>

Toute société traduit le temps chronologique en temps légal et distribue en conséquence les privilèges autant que les responsabilités: à partir de quel âge et jusqu'à quel âge on doit aller à l'école, à quel âge on peut voter, consommer de l'alcool, conduire une auto, commencer à retirer ses rentes, etc.

L'âge social est pour sa part plus englobant que l'âge légal, et les normes et les sanctions qui le régissent sont plus subtiles. On pourrait définir l'âge social comme l'ensemble des attentes que la société et nos proches entretiennent à notre endroit, compte tenu de notre âge chronologique. Voici quelques exemples tirés d'expressions courantes.

«Tu es assez grande maintenant» (pour justifier des attentes plus élevées).

«Tu n'as plus vingt ans» (pour justifier ou exiger un certain désengagement ou pour excuser des performances moindres).

«À mon âge, c'est le temps de...» (me reposer, ralentir, penser à moi, vendre ma maison...).

«Ce n'est plus de mon âge» (pour refuser certaines activités, certains vêtements...).

«Ce n'est plus de son âge» (pour blâmer le sujet de s'adonner encore à certaines activités).

«Il pourrait être son père» (pour blâmer le sujet de s'intéresser à une femme beaucoup plus jeune).

Certains de ces exemples démontrent que l'âge social en vient à être assimilé par le sujet, qui en fait un point de repère pour orienter ses conduites.

Remarquons enfin que l'âge chronologique s'avère un mauvais indicateur de l'endroit où l'on se trouve dans le cycle de vie. Par exemple, un homme peut être grand-père pour la deuxième fois à 44 ans, devenir chauve ou grisonner complètement à 49 ans, faire un accident cardiaque qui le force à se ménager à l'âge de 52 ans, prendre sa retraite à 58 ans, garder un excellent moral et des activités intéressantes jusqu'à 72 ans, et enregistrer des pertes d'autonomie physiques vers l'âge de 75 ans. Il n'est pas facile de déterminer à quel âge cet homme serait devenu une *personne âgée*.

Outre cette diversité entre les personnes, il faut aussi compter avec les changements sociaux qui viennent modifier l'espace relatif occupé par les différentes étapes du cycle de vie. Par exemple, l'augmentation de l'espérance de vie et l'industrialisation ont eu pour effet de *créer* l'adolescence, de réduire la vie sur le marché du travail et d'accroître la durée de la retraite, d'augmenter la durée du mariage tout en comprimant le temps où l'on élève des enfants... (O'Rand, 1990, p. 143-144).

Malgré ces variations, la plupart des gens développent dès l'adolescence une représentation des grandes transitions qu'ils auront à vivre dans leur vie familiale et professionnelle, et cette représentation leur servira d'instrument de navigation tout au long de leur vie. Cette représentation combine l'âge chronologique, l'âge légal et l'âge social.

Développement et cycle de vie

Le concept de développement possède les caractéristiques suivantes. D'abord, le développement est orienté vers la maturité. Ensuite, il se produit par étapes. Troisièmement, il est irréversible, et enfin, il évolue vers davantage de complexité et de différenciation (Smith, 2002, p. 340).

D'une façon succincte, on peut définir le développement comme l'ensemble des changements normatifs (habituels, normaux) qui surviennent au fil de l'avancée en âge. Cette définition entraîne dans son sillage le concept de *tâches développementales*, qui consistent à relever les défis provoqués par ces changements. Nous y reviendrons au chapitre suivant.

Trois types de facteurs façonnent le développement, soit les facteurs reliés à l'âge (comme la maturation physique), ceux reliés à la cohorte, c'est-à-dire les gens qui sont nés à une même époque (l'exemple le plus connu étant la cohorte des *baby-boomers*, qui sont nés entre 1945 et 1960) et enfin les facteurs découlant d'événements aléatoires survenus dans le parcours du sujet (comme les particularités de sa famille d'origine, la scolarité qu'il a suivie, les maladies qui l'ont affecté...). Les modèles du cycle de vie se limitent pour leur part aux changements reliés à l'âge, et qui sont par conséquents prévisibles ou normatifs.

Le théoricien du cycle de vie qui a eu le plus d'impact est sans contredit Erik Erikson, un psychologue et psychanalyste américain d'origine danoise, qui divise le parcours de vie en huit étapes, de la naissance à la mort (surtout Erikson 1968). Dans son modèle comme dans tous les modèles par stades, la façon dont une étape est vécue influence la façon dont l'étape suivante sera abordée. Si elle a été vécue laborieusement, le sujet aura plus de difficulté à entreprendre l'étape suivante. Inversement, la résolution positive d'une étape donnée lui permettra d'aborder l'étape suivante *en ayant toutes les chances de son côté*.

Pour désigner ces différentes étapes, Erikson parle indifféremment de stades ou de crises, ces dernières étant comprises au sens étymologique de *moment où les choses se décident*. Il ne s'agira pas nécessairement de périodes tumultueuses, mais il s'agira toujours de périodes qui exigeront du sujet une mobilisation maximale de ses ressources pour relever le défi qui le confronte.

Il s'agira aussi de périodes critiques au sens où les ressources qui auront été actualisées à cette étape demeureront normalement disponibles pour le restant de la vie, et où les ressources qui n'auront pu être actualisées risqueront de manquer pour le reste de la vie aussi.

Erikson estime que ces étapes sont inaugurées par l'émergence d'un besoin dans l'organisme et par les exigences du milieu, lesquelles sont proportionnées au potentiel du sujet. À mesure que ce dernier évolue physiquement, cognitivement et affectivement, son environnement lui fait de nouvelles demandes, ce qui a pour effet de le mettre en déséquilibre (d'où le concept de crises).

Pour retrouver son équilibre, le sujet devra mobiliser son potentiel et s'investir dans ses nouvelles tâches. Et comme on l'a dit plus haut, une étape franchie avec succès se soldera par l'acquisition d'habiletés nouvelles qui lui permettront d'aborder les défis suivants de sa croissance.

Cycle de vie, stades ou étapes, crises ou du moins périodes sensibles, interactions avec le milieu, tâches développementales… Voilà les concepts-clés de tous les modèles du cycle de vie. Pour nous en faire une meilleure idée, jetons un coup d'œil aux huit stades distingués par Erikson.

Le modèle d'Erikson

Tableau 1: Les huit étapes du développement dans le modèle d'Erikson

Période et besoins	Enjeux de la crise	Modalités psycho-sociales
0-2 ans Besoin d'interactions positives, surtout avec la mère	**Confiance**: sentir que le milieu et son organisme peuvent pourvoir à ses besoins **Méfiance**: peur que le milieu et son organisme le laissent en état de manque	Recevoir ou prendre ce qu'il lui faut
2-4 ans Besoin de sentir son pouvoir sans contrainte indue ni surprotection	**Autonomie**: sentiment de s'autoréguler **Honte ou doute**: sentiment d'être faible ou mauvais parce que surcontrôlé	Retenir et laisser aller
4-6 ans Besoin d'une première confirmation de son identité et de son pouvoir	**Initiative**: donner libre cours à sa curiosité (surtout sexuelle) et établir un lien privilégié avec le parent de sexe opposé **Culpabilité**: s'installe lorsque ces initiatives sont réprimées	Se découvrir par la compétition et le plaisir de conquérir
6-12 ans Besoin d'être guidé et reconnu dans ses apprentissages	**Compétence**: se sentir reconnu par ses performances **Infériorité**: se sentir incapable d'exercer sa maîtrise	S'insérer harmonieusement dans un processus de production
Adolescence Besoin de clarifier ce qu'on est	**Identité**: sentir qui on est et se sentir reconnu dans cette image **Diffusion**: ne pas parvenir à saisir qui on est	Savoir qui on est et où on s'en va
Début de l'âge adulte Besoin de choisir et d'assumer la permanence d'un lien	**Intimité**: vivre un partage signifiant avec un partenaire privilégié **Isolement**: ne pas pouvoir risquer son identité en s'ouvrant à autrui	Se perdre et se trouver dans une rencontre en profondeur
Maturité Besoin de se donner, de sentir qu'on sert à quelque chose	**Générativité**: préoccupation de la génération qui suit **Stagnation**: sentiment chronique d'ennui et de vide	Prendre soin de et faire grandir
Vieillesse Besoin de comprendre et d'accepter	**Intégrité**: accepter ce qu'on a été et ce qu'on est; se sentir en communion avec tous les humains **Dégoût ou désespoir**: se sentir incapable d'accepter ce qu'on a été et voir le temps trop court pour se reprendre	Comprendre et accepter, et transmettre cette sagesse

Un deuxième schéma du cycle de vie

Erikson était un psychanalyste pour enfants et son modèle privilégiait le développement de la naissance au début de l'âge adulte. Nous emprunterons maintenant à un gérontologue anglais un schéma du cycle de vie qui s'intéresse davantage à ce qui survient de la maturité au grand âge, et que nous avons résumé et retouché (Bromley, 1990, p. 43-45).

Tableau 2: <u>Un deuxième modèle du cycle de vie.</u>

18-20 ans   <u>Transition vers l'indépendance adulte</u>   Accès aux droits et responsabilités des adultes (droit de conduire, de consommer de l'alcool, de voter…), de même qu'à une certaine autonomie financière.
20-25 ans   <u>Début de l'âge adulte</u>   Engagement dans divers rôles: responsable d'un logement, étudiant universitaire ou premier emploi à temps plein, conjoint, parent…
30-40 ans   <u>Milieu de l'âge adulte</u>   Consolidation des rôles majeurs aux plans familial et professionnel; premiers signes du déclin de la vigueur et de la résistance.
40-55 ans   <u>Maturité</u>   Départ des enfants de la maison; perte d'autonomie et décès des parents.
55-60 ans   <u>Transition vers la retraite</u>   Réduction des activités sexuelles; impact plus visible du vieillissement sur l'apparence physique et apparition de problèmes de santé mineurs.
60-65 ans   <u>Entrée dans la retraite</u>   Prise de retraite; ajustement du concept de soi; amorce d'une relecture de sa vie.
65-75 ans   <u>Entrée dans le statut de personne âgée</u>   Déclin physique plus sensible; risque d'une maladie grave et du déclin du conjoint; désengagement social au profit des relations avec les proches.
75 ans et plus   <u>Entrée dans le grand âge</u>   Poursuite du déclin des aptitudes physiques, sensorielles et cognitives, de même que de la réduction de l'autonomie.

(Pour une bonne présentation critique des modèles classiques du cycle de vie, voir Houde, 1999).

Appréciation d'ensemble

Les modèles du cycle de vie ne sont pas sans faiblesses, à commencer par l'aspect arbitraire de tous les découpages en périodes ou en stades, surtout quand on leur fait correspondre des âges, même approximatifs.

Par exemple, on peut cesser d'être étudiant à dix-sept ans comme à trente ans, on peut devenir parent pour la première fois à dix-neuf ans comme à trente-huit ans, ou grand parent à trente-huit ans comme à soixante-dix ans. Et pareillement pour la retraite, certains la prenant à cinquante-deux ans et d'autres à soixante-douze ou soixante-quinze ans.

C'est pourquoi des gérontologues parlent désormais d'un version *post-moderne* du cycle de vie caractérisée par la disparition des repères qui ont pu séparer jusqu'ici les différentes étapes de la vie et les différentes générations (Katz, 2002, p. 47).

En second lieu, il faut faire intervenir l'importance des événements imprévus, et donc qui n'appartiennent pas au cycle de vie. Par exemple, il arrive souvent que les stress majeurs au plan du travail ne soient pas reliés au premier emploi ou à la retraite, mais à des événements non prévus. Pensons à de nouvelles responsabilités, à des bouleversements consécutifs à des fusions de services ou d'entreprises, à des abolitions de postes ou des changements d'emploi. Pensons également aux divorces et aux énormes défis des recompositions familiales.

En troisième lieu, les modèles du cycle de vie rendent difficilement compte de la complexité de l'être humain, de la variabilité de ses réponses, et de la multiplicité des changements qui surviennent dans sa vie.

Il découle de tout ceci que même si l'on peut diviser la vie en stades, certains auteurs estiment qu'on ne sait toujours pas si dans la vie de tous les jours, les gens utilisent ces références. Et s'ils le font, on ignore l'impact que cela peut avoir sur leur vie (Fry, 2002, p. 22).

En quatrième lieu, enfin, il faut mentionner les effets de cohorte, c'est-à-dire les changements d'ordre économique et culturel qui affectent les sujets qui s'engagent dans le cycle de vie à des dates différentes. Pensons à l'allongement de l'espérance de vie, à la variation du nombre d'enfants par couple au fil des décennies... Cette dernière faiblesse peut cependant être partiellement compensée par une mise à jour périodique des marqueurs du cycle de vie.

Mais les modèles du cycle de vie n'ont pas que des limites. Au premier chef, leur grand mérite est sans contredit de rendre compte du changement personnel qui survient lors des événements auxquels on peut s'attendre de la naissance à la mort. On a vu au chapitre précédent que la personnalité est susceptible d'évoluer légèrement à l'âge adulte. Or, suite à une revue des études longitudinales sur le sujet, des auteurs concluent ceci:

> «L'essentiel des changements au niveau de la personnalité découle des répercussions des rôles sociaux reliés à l'âge. Plus précisément, ces répercussions proviennent des attentes reliées à la façon dont on doit se comporter compte tenu du rôle spécifique que l'on occupe.» (Roberts et autres, 2006, p. 18)

Pour appréhender ces changements, les modèles du cycle de vie nous offrent les grands concepts qui leur sont associés: crises, transitions, tâches développementales ou enjeux développementaux.

Par exemple, on a vu que le modèle de Bromley prévoit la probabilité du décès des parents entre 40 et 55 ans et celui du conjoint entre 65 et 75 ans. Or, s'appuyant sur différents chercheurs, Boerner et Heckhausen (2003, p. 199) rappellent que le fait de devoir composer avec la perte d'un proche fait partie intégrante du développement réussi.

Se développer, ou réussir sa vie, ce serait donc apprendre à relever un à un les différents défis qui nous attendent tout au long du cycle de vie, et donc apprendre à devenir adolescent puis jeune adulte, apprendre à former un couple puis à devenir parent, travailleur, retraité, personne âgée...

Deuxièmement, nous venons d'énumérer les différents rôles que l'on devra assumer au long de son parcours. Or, ce concept de rôle permet d'opérer la jonction avec le social et donc d'articuler la gérontologie psychologique à la gérontologie sociale. Ce faisant, les modèles du cycle de vie permettent de dépasser le reproche fréquemment adressé à la psychologie de se limiter à une approche individualiste des phénomènes (Baltes et Carstensen, 1999, p. 209). C'est là leur deuxième force.

Leur troisième contribution est de rendre prévisibles les défis majeurs auxquels nous aurons à faire face dans le cours de notre existence, ce qui est certes de nature à nous aider à nous y préparer (Heckhausen, 2002, p. 934).

Même si les confirmations empiriques se font rares à ce sujet, il y a de fortes chances que plusieurs marqueurs du cycle de vie permettent effectivement aux gens aussi bien de s'apprivoiser aux pertes à venir que de s'ajuster à celles qui sont déjà survenues en se disant que «cela fait partie de la vie».

Quatrièmement enfin, une contribution non négligeable de ces modèles est de permettre aux intervenants d'une foule de disciplines de mieux comprendre les personnes avec lesquelles ils entrent en contact, en tentant d'identifier l'endroit où elles sont rendues dans leur cycle de vie. Par exemple, il est différent de devenir enceinte à seize ans, à trente ou à quarante-deux ans, comme il est différent de voir son poste aboli quand on a quarante ans et quand on en a soixante-trois. On parle parfois de *résonance développementale* pour désigner cette habileté des intervenants à décoder le vécu de leur clientèle à l'aide du modèle du cycle de vie.

Certaines personnes se font une règle de vie de vivre «vingt-quatre heures à la fois». Il n'est pas mauvais non plus de vivre «une étape à la fois», apprenant en même temps à laisser aller celle qui est derrière soi et à s'apprivoiser tranquillement à celle qui se pointe à l'horizon.

Nous examinerons au chapitre suivant leurs concepts associés aux modèles de cycle de vie, soit les concepts de transition, de crise et de tâches développementales.

Chapitre 6

PRENDRE LES TOURNANTS

TRANSITIONS ET CRISES

> *« Ce jour-là a coupé ma vie en deux.*
> *Ce fut le jour de ma deuxième naissance. »*
> -Une personne qui faisait un retour sur sa vie

Dans ce chapitre, nous nous pencherons sur le phénomène des transitions et sur leurs caractéristiques, puis sur les crises qui sont censées jalonner le cycle de vie. Nous nous arrêterons en terminant sur les tâches développementales à la vieillesse.

Avec leurs séquences d'étapes dont chacune offre son profil propre et qui sont mises en correspondance avec des âges approximatifs, les modèles de cycle de vie mettent en lumière le concept de *transition*, c'est-à-dire de passage d'une étape à l'autre.

Fêter la fin de son secondaire, décrocher son premier emploi à temps plein, se marier, devenir parent pour la première fois, prendre sa retraite… Vivre aussi des transitions imprévues, comme une maladie grave, le décès subit d'un proche ou un divorce.

Une transition peut se faire d'une façon tellement progressive qu'elle demeure imperceptible et que ce n'est que des années plus tard qu'on en prendra conscience. À l'inverse, elle peut survenir comme une rupture entre une période où tout était en place dans notre vie, et une période nouvelle où nous devrons tout repenser et tout réaménager.

Entre ces extrêmes, la transition se présente comme une occasion d'apprendre, de changer le regard que l'on porte sur soi et le rapport que l'on a avec son environnement. Le témoignage de Kushner que l'on a vu au début du chapitre précédent illustre la façon dont on peut discerner – du moins après coup! – différentes transitions dans son parcours de vie.

Définissons simplement la transition comme un événement qui entraîne des changements dans nos relations, nos rôles et nos routines, de même que dans nos croyances et notre concept de soi. La transition vient donc opérer un passage qui, à terme, pourra entraîner une reconfiguration de ces relations, rôles, occupations, croyances et perceptions de soi (Nuttman-Shwartz, 2004, p. 229).

La transition peut survenir dans différents secteurs (famille, travail, santé, situation financière...) et elle est vécue pour le meilleur et pour le pire, l'intéressé pouvant voir sa qualité de vie augmentée, réduite ou finalement maintenue à son niveau initial.

Elle est souvent un processus complexe qui déborde largement l'événement qui l'a déclenchée. Mais sans événement, il n'y aurait pas de transition. Cet événement peut être dramatique, comme dans le cas de la mort d'un enfant ou d'un conjoint. Mais il peut être presque anodin, comme les premiers cheveux blancs ou les premières fois qu'on se fait vouvoyer.

Pour parler de transition, il faut qu'il y ait des changements durables. Certains événements spectaculaires n'ont pas pour effet d'enclencher une transition. Par exemple, faire une chute peut représenter un épisode critique, mais pas nécessairement une transition. Si la personne résume son expérience en disant simplement: «J'ai été chanceuse», il n'y a pas nécessairement de transition. Mais elle peut aussi se dire: «Ça m'a fait réaliser que je ne suis plus solide sur mes jambes et que ce n'est pas prudent de continuer à vivre seule. Il va falloir que je pense à m'organiser autrement.» Dans ce dernier cas, il y aura eu transition.

Les *routines* qui sont modifiées lors des transitions consistent dans l'organisation du temps et l'aménagement des habitudes quotidiennes. Par exemple, un accident cardiaque peut amener une modification des habitudes alimentaires; le chômage ou la retraite peuvent venir modifier le scénario du lever, de la toilette et du déjeuner...

Les *rôles* aussi se trouvent souvent modifiés lors d'une transition. Que ce soit lors de la sortie d'un rôle familier (travailleur, conjoint) ou lors de l'entrée dans un rôle nouveau (travailleur, parent, locataire dans une résidence pour personnes âgées), il faut prévoir une certaine quantité de stress, et ceci, même lorsque le nouveau rôle est convoité.

Quant aux *croyances*, elles consistent aussi bien dans la façon dont le sujet perçoit son passé, entrevoit son avenir, et se situe par rapport aux autres («J'ai toujours bien nourri mon homme», «Je fais confiance à ma capacité d'adaptation» ou «Je fais confiance au bon Dieu»). Ces croyances plus ou moins conscientes risquent de se trouver modifiées lorsqu'une transition amène le sujet à se situer sous un angle nouveau par rapport à son expérience.

Caractéristiques des transitions

Les transitions varient selon leurs caractéristiques. Dans les lignes qui suivent, nous jetterons un coup d'oeil à huit variables fréquentes, en nous inspirant d'une étude classique de Schlossberg (1984). Une transition peut être...

<u>Progressive ou subite</u>

Par exemple, la transition du statut de conjointe à celui de veuve est progressive quand le conjoint décède d'un cancer, et elle est subite quand ce dernier décède d'un premier infarctus.

<u>Consciente ou inconsciente</u>

Le bébé unique déclassé par l'arrivée d'un petit frère n'est pas nécessairement conscient de la transition pénible dans laquelle il se trouve engagé. Mais il n'est pas nécessaire que cette transition soit consciente pour entraîner des changements importants dans sa vie.

Prévue ou imprévue

Les transitions prévues sont habituellement celles qui font partie du cycle de vie, qui sont donc perçues comme normales, et auxquelles on peut se préparer matériellement et mentalement. Pensons au premier emploi, au mariage, à la naissance du premier enfant, au départ du dernier enfant de la maison, à la retraite…

Les transitions qui ne font pas partie du cycle de vie sont habituellement imprévues: perte d'emploi, divorce, mort d'un enfant ou d'un conjoint avant la vieillesse, faillite, perte de ses biens dans un incendie, rencontre de l'âme soeur qu'on n'attendait plus, recomposition de la famille…

Imposée ou relever de l'initiative du sujet

Certains conducteurs âgés décident par eux-mêmes de ne pas renouveler leur permis de conduire, tandis que d'autres attendent qu'on le leur retire, souvent au grand soulagement de leurs proches.

On peut faire l'hypothèse qu'une transition prévue et recherchée aura moins d'effets négatifs qu'une transition imprévue et imposée.

Accueillie ou source de résistance

Ici comme dans la question du contrôle, c'est rarement une question de tout ou rien. Tout changement implique normalement des pertes et des gains. Il faut donc compter avec une certaine dose d'ambivalence et de résistance, laquelle sera d'autant plus forte que les gains seront perçus comme minimes et que les pertes seront perçues comme importantes.

Il y a un sens où l'on peut dire que les transitions qui font partie du cycle de vie ne sont *pas négociables*. Lorsqu'on a quinze ans, on ne peut pas faire en sorte de ne pas être adolescent, et lorsque les signes de vieillissement s'accumulent, on ne peut pas faire en sorte de ne pas être une personne vieillissante.

Mais on peut refuser de négocier la transition, en niant simplement qu'on soit en train de vieillir, par exemple, tout comme on peut tenter de la négocier au mieux, en entreprenant d'effectuer les ajustements requis.

Inédite ou apparentée à une transition déjà vécue

Une transition inédite correspond par exemple au fait d'emménager dans une résidence pour personnes âgées alors qu'on a habité toute sa vie sa propre maison. Une transition apparentée à une transition déjà vécue peut consister à déménager dans une résidence pour personnes âgées semi autonomes après avoir habité dans une résidence pour personnes âgées autonomes.

Mais *apparentée* ne veut pas dire *identique*. La transition peut être objectivement semblable, mais le niveau de ressources du sujet a pu changer. Par exemple, son niveau de performance lors de la première transition a pu le rendre confiant face à la nouvelle transition, ou au contraire, méfiant et inquiet.

Bien tomber ou mal tomber

Une femme âgée peut perdre son mari juste au moment où sa fille unique déménage à l'étranger, ou juste au moment où sa petite-fille préférée vient emménager dans le petit logement de son sous-sol. Une transition a des chances de bien tomber quand tout est stable par ailleurs dans notre vie, ou quand elle coïncide avec une autre transition perçue comme venant la faciliter.

Avoir des effets immédiats et des effets à plus long terme

Ces deux types d'effets se combinent plutôt que s'opposer. Quelqu'un se voit forcé de quitter son logement à l'étage à cause de problèmes d'arthrose aux genoux, et il en éprouve dans l'immédiat un sentiment de perte.

Quelques mois plus tard, cette personne peut réaliser combien elle a amélioré son sort en déménageant dans un immeuble muni d'un ascenseur et où les voisins peuvent lui rendre de précieux services.

Le concept de transition présente un certain rapport avec celui de crise. Il est facile de concevoir qu'une transition subite, imprévue, inédite, qui tombe mal et qui a des effets immédiats pourra dépasser les ressources du sujet, et donc dégénérer en crise. Nous examinerons donc maintenant ce dernier concept.

Les crises développementales

Définissons simplement une crise comme l'état de détresse physique et psychologique qui survient lorsque les ressources internes du sujet ainsi que celles de son réseau de soutien ne suffisent pas à lui permettre de relever les défis avec lesquels il est aux prises.

Dans l'imaginaire populaire, on pense spontanément à la fameuse crise de l'adolescence, à la non moins fameuse crise du mi-temps de la vie, et à d'autres crises aussi: crise du nid vide, de la ménopause, de la retraite, voire crise de la vieillesse. Un auteur évoque ainsi une triple crise reliée à la vieillesse:

> «C'est d'abord une crise d'identité: nécessité d'établir de nouveaux rapports avec soi-même et avec le monde des valeurs. C'est aussi une crise d'autonomie: nécessité d'établir de nouveaux rapports avec les autres en relation avec la satisfaction de ses propres besoins. Enfin, la crise de la vieillesse est une crise d'appartenance, fondant la nécessité de nouveaux rapports avec la société et, plus profondément, avec le courant même de la vie.» (Laforest, 1989, p. 69) L'auteur parle aussi d'«une crise résultant du conflit entre l'aspiration du sujet à la croissance et du déclin biologique et social consécutif à son avancement en âge.» (p. 47).

Qu'en est-il de ces différentes crises?

Les crises *version douce*

Il y a lieu de distinguer entre une crise au sens propre, telle qu'on l'a définie plus haut, et de simples enjeux développementaux que le sujet relèvera sans éprouver le stress plus ou moins intense qui accompagne une vraie crise.

Erikson (1975, p. 21) observe que «chez certains adolescents, la crise d'identité va se faire sans bruit, à l'intérieur des rites de passage propres à cette période, tandis que chez d'autres, la crise va nettement prendre l'allure d'une période critique». Pensons aux conduites suivantes: fugues, abus de drogues, conflits sérieux avec les parents, pratiques sexuelles à risque, décrochage scolaire, délinquance, idées suicidaires...

Voici des exemples de rites de passage qui vont permettre à la crise de se résorber sans bruit: le début des fréquentations, l'intérêt pour un style de musique qui va si possible scandaliser les parents, le premier travail payé, l'obtention du permis de conduire, la consommation de tabac et d'alcool, la graduation du secondaire... Il est question ici de rites *de passage*. Ces mots ont tout leur sens: passages plutôt que crise, plus ou moins mouvementés mais sans détresse marquée.

Cette distinction entre enjeux développementaux et crise s'appliquerait également aux autres passages qui marquent l'imaginaire du grand public et pour lesquels les recherches empiriques ne font ressortir aucune détresse typique chez les sujets qui les vivent. Regardons de plus près.

La ménopause

Les recherches ne font ressortir aucune crise typique de la ménopause. Par exemple, une étude portant sur un échantillon important de femmes canadiennes a donné les résultats suivants:

-2% des femmes regrettaient la fin de leurs menstruations;
-20% avaient des sentiments partagés;

-près de 40% exprimaient du soulagement;
-11% seulement considéraient la ménopause comme une transition majeure.

De fait, on ne relevait aucune différence dans la perception du niveau de bonheur entre les femmes pré-ménopausées et les femmes post-ménopausées (Kaufert, 1985). Plus récemment, Gannon (2000, p. 179) concluait que «les recherches qui suggèrent qu'en soi, la ménopause ne place pas les femmes à risque de problèmes de santé mentale sont plutôt convaincantes».

<u>Le nid vide</u>

Contrairement à certaines vues pessimistes qui imaginent des réactions dépressives chez la mère, le départ du dernier enfant de la maison est habituellement suivi d'un accroissement de la satisfaction conjugale chez les parents. Ceci ressort clairement de différentes études, dont une en particulier qui a suivi 402 parents pendant une période de quatre ans (White et Edwards, 1990).

Dans cette étude, la satisfaction des parents face à la vie n'a diminué que dans le cas où les contacts avec leurs enfants devenaient peu fréquents. Mais la plupart des sujets maintenaient leur rôle de parents en continuant à communiquer avec leurs enfants sur une base quotidienne, soit physiquement soit par téléphone.

Incidemment, de nos jours, les *oiseaux* sont susceptibles de *revenir au nid,* que ce soit à l'occasion d'une perte d'emploi ou d'un divorce, ce qui peut compliquer la vie des parents.

<u>La retraite</u>

Un sondage auprès de 1100 sujets retraités des deux sexes, âgés de 62 à 65 ans, a mis en évidence des taux de satisfaction élevés, 64% des hommes et 59% des femmes s'étant dit *Très satisfaits* et 29% des hommes et 34% des femmes s'étant déclarés *Satisfaits,* pour des taux de satisfaction de

93% dans les deux cas et des taux d'insatisfaction de seulement 7% (Ekerdt, 2002, p. 1219).

L'ensemble des données empiriques va dans le même sens (Atchley, 2003, p. 123-124), ce qui nous situe loin du concept de *crise de la retraite*. Nous y reviendrons au chapitre 10.

La crise du mi-temps de la vie

À cause de sa place privilégiée aussi bien dans notre imaginaire collectif que chez plusieurs auteurs, arrêtons-nous un peu plus longuement à la crise du mi-temps de la vie.

Le concept a été mis en circulation dès les années 1965 par Elliot Jaques, qui situait cette crise «au milieu de la quarantaine» (1980, p. 22). L'auteur estimait que cette crise était déclenchée par le fait que nous prenons alors conscience de notre vieillissement et donc de notre mortalité et que nous comprenons aussi que nous devrons faire le deuil des rêves que nous n'avons pas réalisés jusqu'ici.

Cette idée devait faire l'objet d'une multitude d'articles et de livres de psychologie populaire, dont le plus célèbre est sans doute celui de Gail Sheehy, paru en 1975, et dont le titre était *Passages, Les crises prévisibles de la vie adulte*.

De nos jours toutefois, les spécialistes se montrent sceptiques face à cette prétendue crise, certains ne craignant pas de la qualifier carrément de mythe, dans la mesure où les recherches empiriques ne réussissent pas à trouver de traces du phénomène (Heckhausen, 2002, p. 933; Costa et McCrae, 2006, p. 179).

On admet toutefois que la conscience de notre mortalité se trouve accrue à la maturité à cause notamment des signes plus clairs de notre vieillissement (Heckhausen, 2002, p. 934). Nous réconcilier avec notre finitude deviendrait alors un des enjeux à la maturité.

La crise du mi-temps de la vie *version douce*

Comme pour la *crise* de l'identité à l'adolescence, la *crise* du mi-temps de la vie, dans sa version douce, atteindrait sa résolution au rythme des rites de passage comme la mort de ses parents, le départ du dernier enfant de la maison, la ménopause ou la retraite.

Quant à la crise plus forte, elle pourrait s'accompagner des manifestations suivantes: irritabilité, fonctionnement cognitif plus rigide (se manifestant notamment par une prévalence accrue des stéréotypes et des préjugés), anxiété, états dépressifs, symptômes physiques divers, surconsommation de médicaments et autres drogues, remises en question diverses, idées suicidaires...

Mais répétons que cette crise laisse peu de traces dans les études empiriques, dont certaines la limitent à un pourcentage allant de 5 à 10% de la population ce qui porte à croire qu'elle n'est pas typique et qu'elle serait le fait de sujets qui ont éprouvé des difficultés analogues à des époques antérieures de leur vie (Gallagher, 1993).

Il serait donc prudent de penser que si la crise du mi-temps existe ailleurs que dans notre imaginaire, elle est rare et ses contours sont flous. Une auteure québécoise la situe à bon droit dans des perspectives plus larges. La saison du mitan commencerait autour de la quarantaine et se terminerait autour de la soixantaine, et elle serait constituée d'«alternances entre des périodes d'harmonie et de bien-être et des périodes d'insatisfaction et de remises en question» (Houde, 1994, p. 34).

Nous en conclurons qu'il est préférable de ne pas découper la vie en périodes discontinues marquées chacune par une crise aux contours précis, que ce soit la crise d'adolescence, le nid vide, la crise du mi-temps de la vie, la ménopause, la retraite ou autres. Dans la logique du modèle de Bromley, il y aurait plutôt lieu de concevoir le cycle de vie comme une séquence continue d'enjeux développementaux auxquels le sujet se verra confronté à mesure qu'il avancera en âge.

La même remarque s'applique au concept de transition. Les gens ont d'habitude des ressources qui leur permettent de s'adapter d'une façon relativement satisfaisante aux différents passages qu'ils ont à franchir. Il faut donc se garder de dramatiser les transitions et d'en voir partout.

Ce concept se prête cependant à plusieurs usages. D'une façon rétrospective d'abord, il permet de repérer les faits saillants qui sont survenus dans notre vie et qui sont venus se loger dans notre identité, laquelle est fondée en bonne partie sur la conscience de notre histoire personnelle. En faisant une relecture de notre vie, nous découvrirons alors que notre parcours est constitué d'une longue suite de transitions, certaines heureuses et d'autres plus souffrantes.

D'une façon prospective ensuite, la conscience des transitions à venir nous permet de commencer à nous apprivoiser aux changements dans notre image de soi auxquels il faudra consentir et de mettre en place aussi les moyens matériels ou autres qui seront requis le moment venu.

Enfin, le concept de transition peut aussi permettre de repérer des périodes plus délicates où certains sujets auront besoin de plus d'attention et de soutien, comme par exemple une personne âgée frêle dont le conjoint décède ou est admis en centre d'hébergement. Le concept de transition permet alors de faire le lien avec celui de *sujets à risque*, ce qui peut s'avérer utile au plan de l'intervention.

Les tâches développementales

Qui dit transition dit enjeux. Or, lorsque ces enjeux sont prévisibles et inscrits dans le cycle de vie, ils deviennent des enjeux développementaux, où tâches développementales.

Un pionnier de la psychologie du développement (Havighurst, 1976, p. 5) estime que certaines de ces tâches sont principalement commandées par la maturation physique, comme apprendre à marcher, alors que d'autres sont surtout requises par les pressions sociales, comme apprendre à lire, et que d'autres enfin émanent des valeurs et des aspirations du sujet comme son choix de carrière.

Voici les tâches que notre auteur assigne à la vieillesse (Havighurst, 1995, p. 270-271).

1. S'ajuster au déclin de ses forces physiques et de sa santé. Apprendre au besoin à composer avec une maladie chronique.

2. S'ajuster à la retraite et à la baisse de revenus qui lui est souvent associée.

3. S'ajuster à la mort de son conjoint. (À la fin de la soixantaine, il y a autant de veuves que de femmes mariées, et à 85 ans, 85% des femmes sont veuves.)

4. S'identifier aux personnes de son âge et adopter un style de vie et des activités appropriés à son âge.

5. Établir des conditions satisfaisantes de logement (sécurité, intimité, proximité des membres de la famille et des amis, accès aux services).

Cette énumération offre des points de repère intéressants pour évoluer dans son vieillissement. On peut penser à plusieurs autres tâches, comme d'en venir à faire un bilan positif de sa vie, de s'ajuster au déclin de ses forces et à la maladie (Wrosch, 2002, p. 342), ou de vivre d'une façon optimale son cheminement vers la mort. Les chapitres à venir nous permettront d'examiner ces enjeux de plus près.

Chapitre 7

ÉVOLUER DANS SON IMAGE

CONCEPT DE SOI ET ESTIME DE SOI

> «OK, mettons que je suis un peu moins beau qu'avant.
> Mais je suis tellement plus gentil par exemple.»
> -Pierre Foglia

> **Au fil de ce chapitre, nous explorerons le phénomène de l'image ou du concept de soi. Nous examinerons un modèle du concept de soi et nous nous arrêterons par la suite au phénomène du soi idéal et de l'estime de soi. Nous réfléchirons sur l'impact éventuel du vieillissement sur l'estime de soi et nous terminerons par une illustration tirée du quotidien.**

«Il y en a qui disent que je ne suis pas laide.»
«Je ne me vois pas sans permis de conduire.»
«J'ai fait deux infarctus.»
«Je suis encore capable de me débrouiller seule.»

Ces énoncés nous introduisent au cœur du phénomène fascinant du concept de soi (ou image de soi), qui correspond aussi au sentiment de notre identité personnelle.

Notre concept de soi est constitué de «la totalité des informations que nous avons emmagasinées sur nos caractéristiques personnelles et sur notre expérience» (Birren et Schroots, 2006, p. 486), et ces perceptions jouent un rôle déterminant dans l'orientation de nos conduites.

Pour former et alimenter notre concept de soi, nous puisons à trois sources, soit les appréciations positives ou négatives de nos proches, nos propres perceptions de nos comportements, et les comparaisons que nous faisons entre nos performances et celles que nous observons autour de nous.

Revenons à nos quatre confidences, ci-haut. Il est facile de deviner la satisfaction qui est associée à la première et à la quatrième. Dans le deuxième, on peut penser que la perte du permis porterait atteinte à l'image du sujet comme personne autonome dans ses déplacements et apte à s'acquitter d'un rôle socialement valorisé. Enfin, dans le troisième cas, si elle était auparavant en bonne santé, le fait d'avoir subi deux infarctus a probablement amené cette personne à faire le deuil de son image d'une personne bien portante, en plus de modifier certaines de ses habitudes de vie.

Dans les quatre cas donc, chacune de ces perceptions comporte une connotation affective, et ce sentiment s'appelle l'estime de soi. Le concept de soi est fait de perceptions et de croyances que nous entretenons à notre endroit, tandis que l'estime de soi est le sentiment de satisfaction (ou de dévalorisation) qui découle de l'évaluation que nous faisons de ces perceptions et de ces croyances.

Enfin, les quatre confidences nous laissent entrevoir que le concept de soi permet d'orienter les conduites. On peut faire l'hypothèse que pour la dame du premier cas, le fait de croire qu'elle a une belle apparence lui permet d'avoir plus d'aplomb pour établir des contacts dans un nouvel environnement.

On peut penser que le sujet du deuxième cas va tenter d'établir des scénarios alternatifs qui lui permettront de se débrouiller s'il perd son permis de conduire, et que depuis ses infarctus, la personne du troisième cas a modifié son style de vie et peut-être aussi son alimentation. Enfin, il est facile de croire que la dame du quatrième cas surveille l'évolution de son niveau d'autonomie et qu'elle aussi a commencé à entrevoir des solutions pour le jour où elle ne parviendra plus à «se débrouiller toute seule».

Bref, le concept de soi constitue un instrument de navigation tout au long de la vie, et cette boussole se révèle particulièrement précieuse à la vieillesse (Herzog et Markus, 1999, p. 234). Cette boussole fonctionne essentiellement à l'aide de deux questions de base: «Compte tenu de ce que je sais sur moi, est-ce que je vais être capable ou est-ce que je vais être satisfait?» Nos décisions et les comportements que nous adopterons auront de bonnes chances de découler de la réponse à ces deux questions.

Un modèle du concept de soi

Notre concept de soi est composé de sous structures qui correspondent aux différents secteurs de notre vécu. En voici une version simplifiée empruntée à un psychologue québécois qui a consacré sa carrière à cette question (L'Écuyer, 1980a).

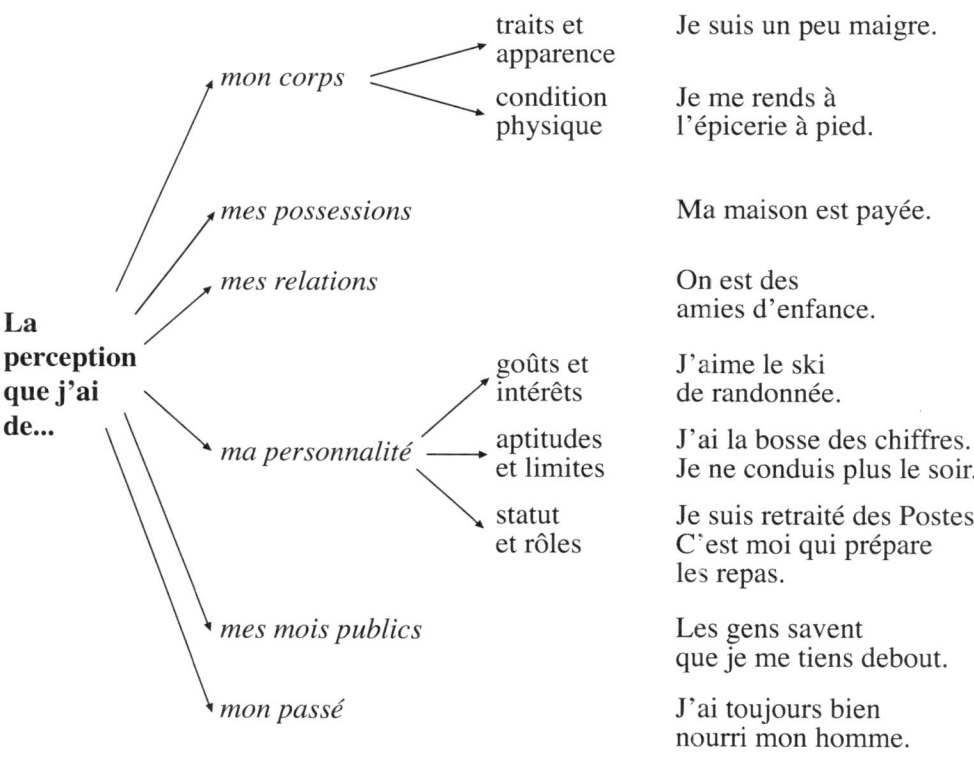

Figure 3: Un modèle du concept de soi.

Nous ajoutons au modèle de L'Écuyer l'élément *mon passé* à la suite des travaux de Herzog et Markus (1999), car la perception de ce qui est survenu dans notre vie contribue puissamment à colorer la façon dont nous nous voyons et dont nous nous sentons aujourd'hui. Par exemple, si quelqu'un dit: «J'ai fait deux infarctus il y a huit ans», il est facile d'imaginer l'impact de ces événements sur son concept de soi: «Je suis à risque.» «Je suis atteint d'une maladie chronique.» «J'ai la chance d'être un survivant et j'essaie d'en profiter à tous les jours.»

Quant aux *mois publics*, ils correspondent à la perception que nous avons de ce que les autres pensent de nous, et donc à notre perception de notre réputation. William James (1890, p. 85), le pionnier génial des études sur le concept de soi, disait ceci: «Un homme a autant de sois sociaux qu'il y a d'individus qui le reconnaissent et qui conservent une image de lui dans leur esprit».

James ajoutait: «S'en prendre à n'importe laquelle de ces images, c'est porter atteinte à l'individu lui-même.» Nos *mois publics* (ou nos *sois publics*) nous mettent à la merci des autres. Aussi devons-nous les protéger. Par une orientation plus ou moins subtile de nos comportements et de nos conversations, nous nous emploierons donc à entretenir, défendre ou modifier à notre avantage cette image que nous projetons.

La notion des *mois publics* rend ainsi compte du fait que, si authentiques que nous voulions être, «nous sommes toujours conscients de la différence qui existe entre ce que nous pensons de nous-mêmes et ce que nous révélons aux autres» (Bruner, 2003, p. 211).

Voici maintenant une définition du concept de soi empruntée à L'Écuyer (1990, p. 131) et un peu synthétisée:

> -un système composé de l'ensemble de perceptions que la personne éprouve au sujet d'elle-même,

> -dont les contenus émergent à la fois de l'expérience personnelle et de l'influence des autres,

-contenus qui se hiérarchisent autour de structures délimitant les grandes régions de l'expérience de soi,

-lesquels contenus évoluent en fonction de l'expérience quotidienne,

-de manière à ce que l'ensemble du système favorise le maintien du sentiment de cohérence et l'adaptation de la personne.

<u>Continuité et changement</u>

Cette longue définition met bien en lumière aussi l'interaction continuité/ changement dans le concept de soi. Nous avons vu au chapitre 5, avec les travaux de McCrae, combien la description que les gens font d'eux-mêmes peut se montrer stable dans le temps. Et nous avons vu aussi au chapitre 4, comment nous structurons nos perceptions de nous-mêmes et notre vision du monde et comment nous utilisons ce système pour maintenir la cohérence et la continuité de notre existence, et donc notre satisfaction face à la vie.

Mais cette continuité n'est pas statique.

> «Le système du soi joue un rôle actif dans la structuration et dans l'interprétation de l'expérience, motivant les comportements, gérant les émotions et procurant un sentiment de continuité. Le système du soi fait partie intégrante de tous ces éléments, les façonnant et étant façonnés en retour par eux.» (Herzog et Markus, 1999, p. 246)

Le soi idéal et l'estime de soi

Le *soi* tel que reflété dans le *concept de soi* agit et ressent, planifie et décide, compare et réfléchit sur son vécu.

Ajoutons un autre élément, à savoir le *soi idéal*, qui correspond à ce que nous aimerions être, et donc à nos aspirations et à nos objectifs (Birren et Schroots, 2006, p. 491). En pratique, le soi idéal est constitué des qualificatifs que nous nous fixons pour être acceptables à nos propres yeux: autonomes, responsables, honnêtes… Le soi idéal est aussi relié au fait d'être à la fois «comme tout le monde» et «unique en notre genre». Formé à la jeunesse, le soi idéal va subir l'épreuve de la réalité et se reconfigurer à la lumière de notre expérience, que ce soit dans nos relations, notre vie professionnelle et nos autres entreprises, et à la lumière aussi des réactions de notre entourage.

Notre moi idéal est constitué en bonne partie des commentaires positifs (*attentif, authentique, consciencieux, fidèle…*) émanant de nos parents, de nos éducateurs, de nos amis et surtout de nos mentors, ces personnes qui nous servent de guides à certains moments cruciaux de notre développement (Trice et Wallace, 2003). Notre moi idéal nous incite à agir de manière à être à la hauteur de ses contenus, et donc à déployer le meilleur de nous-mêmes (Krause, 2006b, p. 508).

Il existe normalement une distance entre ce que nous pensons que nous sommes (notre concept de soi) et nos aspirations (notre soi idéal), et notre estime de soi est proportionnelle à cette distance. Plus le concept de soi s'approche du soi idéal, plus l'estime de soi est élevée, puisque nous avons alors l'impression de réussir à être à la hauteur de nos attentes. Et vice-versa.

Les conséquences d'une faible estime de soi sont bien établies par la recherche: en plus de manifester davantage de symptômes dépressifs, les sujets tendent à se fixer des objectifs peu ambitieux, leur motivation est à son minimum, ils sont peu portés à persévérer et plus portés à se retirer, à échouer et à se punir de leurs échecs (McDavid, 1990, pp. 310-311).

<u>Maintenir son estime à l'aide de comparaisons</u>

Pour maintenir l'estime de soi et le moral, on a observé la tendance à nous comparer à des personnes qui font face à des situations pires que les nôtres, que ce soit au plan de la santé, de la situation financière, des conditions de logement, etc.

On peut aussi comparer un présent difficile à un passé réussi, comme cet homme confronté a une dure maladie chronique qui disait à son épouse: «On a quand même eu une belle vie.» Même chose aussi face à l'avenir: «Heureusement que je prends ma retraite l'an prochain.» «On va être bien quand on va être rendus à la Résidence.»

Enfin, on peut atténuer les insatisfactions ou la détresse éprouvée dans un secteur de sa vie en les opposant à la satisfaction vécue dans un autre secteur. «Au moins, j'ai la santé.», «Au moins, on est encore ensemble.»

Évidemment, les comparaisons peuvent aussi jouer dans l'autre sens. Mais les comparaisons représentent habituellement des stratégies gagnantes:

> «Une évaluation plus favorable de soi comparativement à ses semblables apparaît comme un processus général au cours de la vie adulte (Heckhausen et Brim, 1997), les adultes de tout âge déclarant dans l'ensemble éprouver moins de problèmes dans les divers domaines de l'existence que la plupart des gens de leur âge.» (Pushkar et Arbuckle, 2000, p. 6)

L'influence du vieillissement sur l'estime de soi

Les pertes associées au vieillissement ne semblent pas affecter l'estime de soi. On peut faire l'hypothèse qu'en vieillissant, les mois publics aussi bien que le soi idéal tendent à se rapprocher du concept de soi, «de sorte qu'il en résulterait une diminution des tensions internes et une augmentation de la satisfaction face à la vie» (Birren et Schroots, 2006, p. 491).

Une recherche soutient cette hypothèse. Ryff (1991) a demandé à 308 sujets de trois groupes d'âge de s'évaluer sur six dimensions du bien-être psychologique, et leur a ensuite demandé de décrire la personne qu'ils aimeraient être. Or, dans l'ensemble, les sujets plus âgés manifestaient moins d'écart entre leur soi idéal et leur concept de soi.

Cette recherche va dans le sens de la plupart des autres études menées sur cette question, à savoir que l'estime de soi tend à se maintenir, voire à augmenter à la vieillesse (George, 1995, p. 837).

Une illustration du système du soi: l'accident évité de justesse

Pour illustrer les interactions entre les divers éléments de la structure du soi, Sherman (1981, p. 77-79) propose un exemple que nous reprenons en le modifiant un peu. Il s'agit d'un conducteur âgé, que nous appellerons Monsieur Tremblay, qui entreprend de tourner à droite après avoir fait son arrêt. Mais sa vision périphérique étant moins bonne qu'avant, il aperçoit sur le tard une auto qui arrive sur sa gauche à une bonne vitesse.

Il freine dès qu'il aperçoit l'autre véhicule, mais ses réflexes sont plus lents qu'avant. Il réussit à éviter l'impact, mais l'automobiliste qui le suit doit freiner brusquement à son tour. Ce dernier est furieux et à l'arrêt suivant, il lui crie: «Aie, le vieux! Tu devrais laisser ton auto dans le garage.»

Supposons que dans son soi idéal, Monsieur Tremblay s'est toujours fait un point d'honneur de ne pas avoir d'accident, et qu'il tient à être perçu comme alerte pour son âge. L'incident sera de nature à porter atteinte à ce soi idéal et à modifier négativement son concept de soi: «Je suis vieux, je n'ai plus la vision et les réflexes que j'avais, je suis une menace au volant...»

Son concept de soi se modifiera alors en direction opposée au soi idéal, ce qui se traduira par une baisse dans l'estime de soi, et donc par une réaction dépressive. Son épouse intervient cependant pour lui donner du soutien: «Ne t'en fais pas, le conducteur qui venait de la gauche roulait beaucoup trop vite, et le type qui t'a insulté te suivait de trop près. S'il t'avait heurté, il aurait été responsable. Tu n'as jamais eu d'accident et tu sais que tu es un bon conducteur.»

Monsieur Tremblay se sent d'accord avec chacune de ces affirmations. Il se dit que bien que sa vision et ses réflexes ne soient plus ce qu'ils étaient, il a quand même fait ce qu'il devait faire: l'arrêt, le regard sur sa gauche, le départ en douceur, et le freinage pour éviter l'accident.

À partir de ce retour sur les événements, notre homme réévalue de nouveau son concept de soi, cette fois en direction du soi idéal, et il s'ensuit une hausse de l'estime de soi.

Sherman termine ici son exemple, mais dans la réalité, l'histoire se poursuivrait sans doute. La structure du soi tend à résister au changement, et comme une diminution de l'estime de soi est éprouvée négativement, on tend aussi à y résister. Monsieur Tremblay avait ainsi de bonnes chances de croire sur parole ce que lui disait son épouse, ce qui lui permettait de ne rien changer dans sa structure de soi.

Mais avec un peu de flexibilité, il laissera probablement monter les interrogations suivantes: «Ma vision et mes réflexes se sont peut-être détériorés plus que je ne le pensais. C'est peut-être vrai que je devrais éviter à l'avenir la circulation intense...»

Ce questionnement pourrait entraîner une reformulation plus raffinée du concept de soi, entre: «Je suis toujours un excellent conducteur» et «Je suis un danger public», et un réexamen aussi du soi idéal: «Dois-je vraiment m'imposer d'être en tout point un modèle de vieillissement? Ma vie serait-elle gâchée si j'avais un jour un accrochage en auto?».

Selon un scénario moins optimiste, on pourrait assister à une détérioration du concept de soi accompagnée d'une baisse de l'estime de soi, de ruminations et de sentiments dépressifs.

Cette petite analyse met en lumière l'importance d'un accompagnement au moins informel à la suite d'incidents souvent apparemment mineurs qui surviennent dans la vie des personnes âgées: un accrochage évité de justesse en auto, une chute dans le bain qui aurait pu entraîner des blessures sérieuses, un poulet qui prend feu dans le four parce qu'on l'a oublié... Ces incidents sont de nature à se répercuter sur la structure de soi des sujets, qui ont intérêt à ce qu'on les aide à mettre de l'ordre dans ce qui est ainsi mis en branle en eux.

Mieux comprendre le bien vieillir

> «Le système du soi nous permet de voir comment la personne qui vieillit compose avec son parcours de vie et en ressort souvent avec un sentiment de continuité et de bien-être, atteignant ainsi le dernier stade du modèle d'Erikson, soit l'intégrité» (Herzog et Markus, 1999, p. 247).

De fait, le modèle d'Erikson nous a aidés à comprendre comment l'identité se façonne tout au long de la vie, chaque stade venant incorporer un élément vital dans le concept de soi: J'ai confiance en la vie, Je suis une personne autonome, J'ai le sens de l'initiative, Je suis compétent, Je me connais assez bien, Je suis capable de vivre l'intimité, Je suis capable de don de soi, Je trouve que j'ai eu une vie correcte.

Au terme de ces acquisitions progressives, la personne vieillissante doit composer avec les pertes qui viennent s'inscrire dans son concept de soi, ce qu'elle fera en ajustant son moi idéal. La stratégie gagnante consistera alors à «réorganiser ses valeurs, à redéfinir ses buts et à ajuster ses aspirations de manière à les rendre compatibles avec les nouvelles situations» (Labouvie-Vief, 1999, p. 263). Cette stratégie est bien illustrée par le message suivant, rédigé sur une carte de Noël:

> «Nous sommes heureux d'avoir reçu de tes nouvelles. (Suivent des noms): autant de bonheurs passés qui alimentent encore nos souvenirs de petits vieux... Car ici, nous allons à petits pas. Encore chanceux de marcher ensemble. Le vent, la pluie, la chaleur, les gros froids, la neige, la glace, autant de prisons. C'est la retraite fermée très souvent.
>
> «Heureusement il y a la prière, quelques amis prudents comme nous, les enfants parfois, la lecture. Il y a nos petites joies, nos petites promenades, nos petites conversations et le bonheur d'être encore ensemble! J'ai mal à mon dos, à ma jambe, lui a ses essoufflements, son genou... puis on rit comme des fous de se voir si changés: les lunettes de travers, le ventre un peu plus gros, les cheveux clairsemés, le tablier à l'envers, le dé que je perds cent fois, le pot de lait dans l'armoire et l'assiette vide dans le frigo!

> «Si tu nous voyais: petit rythme de croisière, café au lait l'après-midi, petits biscuits secs. Tout est petit. Nous sommes attendrissants! Viens nous voir quand tu viens à Montréal, tu partageras notre café au lait et nos biscuits...»

On voit comment cette femme a relevé le défi de s'ajuster à son déclin physique et à la contraction de son réseau. Elle a une perception réaliste de ce qu'elle est devenue, mais sans que ces modifications à son image de soi ne portent atteinte à son estime de soi.

Et comme on l'a vu plus haut, elle n'est pas seule dans son cas, la majorité des personnes âgées réussissant à s'en tirer elles aussi. La théorie du concept de soi et de l'estime de soi contribue ainsi à nous faire mieux comprendre la dynamique du bien vieillir.

Chapitre 8

ENTRETENIR SES CONTACTS

LES RÉSEAUX DE SOUTIEN

*«Je m'en tire avec un coup de pouce
de mes amis.»*
-Les Beatles

> **Ce chapitre nous mènera à la découverte des réseaux de soutien. Nous distinguerons les formes majeures de soutien, nous évaluerons l'impact des réseaux et pour mieux comprendre cet impact, nous examinerons les caractéristiques des réseaux ainsi que l'effet potentiel du vieillissement sur leur taille. Nous terminerons par un coup d'œil à des solutions pour faire face à la contraction des réseaux ainsi que par la formulation de quelques enjeux pour l'intervention.**

Sydney, 83 ans et Alice, son épouse de 81 ans, racontent leur expérience dans une résidence pour personnes âgées. Pendant les premiers mois, leurs contacts avec les autres résidents sont réduits au minimum. Mais suite à une attaque cardiaque, Alice doit faire de courtes promenades dans les corridors. Le couple assiste alors aux allées et venues des autres résidents et se met à interagir avec eux. On se découvre des intérêts communs, on commence à s'échanger des revues et des livres, à se glisser des cartes de souhaits sous les portes aux anniversaires, à se visiter en cas de maladie et à s'échanger divers services.

Alors que les autres corridors demeurent un lieu de contacts superficiels, celui d'Alice et de Sydney devient «un voisinage de vingt bons amis qui s'échangent des gâteries, interviennent en cas d'urgence, et s'entraident dans les moments plus difficiles» (Pressey et Pressey, 1980). Nous venons d'assister à la naissance d'un réseau de soutien.

Ce réseau est constitué de l'ensemble des personnes qui offrent périodiquement quelque chose de significatif sous trois grandes formes, soit l'information, l'aide matérielle et le soutien affectif.

Sources majeures de soutien

L'information

L'information concerne d'abord les commentaires de nos proches sur nos comportements, les confidences qu'ils nous font sur la façon dont ils ont eux-mêmes procédé dans des situations semblables, ou les conseils qu'ils nous donnent sur la façon dont nous pourrions agir dans des situations délicates.

L'information peut aussi être plus factuelle et porter sur les ressources à mettre en oeuvre pour progresser dans la solution de notre problème. Par exemple, l'article que nous désirons nous procurer est présentement en solde dans tel magasin, ou pour trouver le rénovateur fiable dont nous avons besoin, nous pourrions communiquer avec telle personne qui est très satisfaite du sien.

L'aide matérielle

L'aide matérielle inclut le fait de prêter ou de donner de l'argent ou des objets, d'aider dans les déplacements ou les tâches domestiques, d'apporter un plat cuisiné à l'occasion, de surveiller le logement ou de s'occuper d'un membre dépendant de sa famille en cas d'absence...

Le soutien affectif

Le soutien affectif englobe la présence physique et l'encouragement dans des moments difficiles, l'écoute attentive, l'humour pour remonter le moral, les paroles d'appréciation et les gestes d'affection...

L'énumération des types d'apport varie selon les auteurs. Rudkin et Indrikovs (2002, p. 1313) en distinguent cinq, tandis que Pearson (1990, p. 228) en présente quatorze, que nous avons regroupés en sept (voir l'Annexe 1). Il s'agit toujours de raffinements dans les grands types d'apports.

L'impact des réseaux

De multiples recherches mettent en relief le fait que les relations interpersonnelles aident à composer avec les aléas du vieillissement (Antonucci, 2001, p. 427; Rudkin et Indrikovs, 2002, p. 1312, Moren-Cross et Lin, 2006, p. 115-121). En particulier, les personnes âgées qui ont des réseaux mieux garnis demeurent autonomes plus longtemps (Moren et Lin, 2006, p. 117).

Antonucci, qui étudie le phénomène depuis une trentaine d'années, voit le réseau de soutien comme le port d'attache ou la base sécuritaire à partir de laquelle nous nous façonnons une vision du monde qui nous permet d'affronter les défis de l'existence. Elle observe aussi que le réseau sert de coussin pour amortir les chocs de la vie, contribuant à contrôler le stress et à améliorer la santé mentale.

Elle suggère également de se représenter le réseau comme un convoi, c'est-à-dire comme l'ensemble des personnes qui cheminent à nos côtés tout au long de notre parcours de vie, nous assistant de leurs multiples apports. Durant ce parcours, des personnes quittent le convoi pour être remplacées par d'autres, mais le noyau central demeure stable (Antonucci, 2001, p. 430-431). En plus de bien évoquer les variations dans la proximité de nos supporteurs, cette image rend bien l'idée de notre cheminement tout au long de notre cycle de vie.

Certaines recherches donnent même à penser qu'un bon réseau aurait une valeur immunitaire. Par exemple, des tests faits sur des étudiants avant, pendant et après une période d'examen indiquaient des taux d'immunoglobuline supérieurs chez les étudiants ayant de bons réseaux, et inférieurs chez les étudiants ayant des réseaux précaires (Jemmott et Magloire, 1988; voir aussi Silverstein et Bengston, 1991, p. 383).

On a soulevé l'hypothèse que la relation causale entre un bon réseau et une bonne santé serait inversée: les sujets en bonne santé physique et mentale seraient plus adéquats dans leurs relations, ce qui se traduirait par des réseaux mieux garnis, de sorte que le réseau deviendrait l'effet plutôt que la cause. Des recherches utilisant des modèles raffinés tendent à confirmer l'influence indépendante du réseau sur le sentiment de bien-être (Mor-Barak et Miller, 1991) mais la question n'a pas encore reçu de réponse définitive (Krause, 2006a, p. 197).

Un nombre impressionnant de recherches font ressortir le fait que le soutien *reçu* et le soutien *perçu* sont rarement synonymes, et que le bien-être du sujet dépend davantage de la perception qu'il a du soutien qu'il reçoit que du soutien qui est effectivement reçu, ce qui fait ressortir l'importance de la perception et de l'interprétation de la situation sur le bien-être subjectif du sujet (Antonucci, 2001, p. 431 et 441).

Ce phénomène serait relié à l'estime de soi, les sujets ayant une meilleure image d'eux-mêmes acceptant plus facilement le fait qu'on puisse leur venir en aide, appréciant davantage ces démarches, et s'en trouvant en retour confirmés dans leur propre valeur, et donc davantage motivés à mobiliser leurs ressources pour composer avec la situation.

Caractéristiques des réseaux

Les réseaux de soutien varient selon un certain nombre d'aspects. En voici les principaux, que nous empruntons notamment à Moren-Cross et Lin (2006, p. 114). Nous estimons que même si la typologie de ces auteurs est conçue pour les réseaux sociaux qui comprennent l'ensemble des interactions entre les individus, elle peut facilement s'appliquer aux réseaux de soutien qui, eux, se limitent à ce que le sujet reçoit des personnes qui gravitent autour de lui.

-La *taille* du réseau, définie par le nombre d'individus ayant un lien significatif. Certains réseaux sont réduits à quelques membres, alors que d'autres peuvent en comprendre plusieurs dizaines.

-La *densité*, ou le degré auquel les membres du réseau sont en interaction entre eux. Un réseau à faible densité caractérise la situation d'un sujet qui serait en lien avec quatre personnes qui n'interagiraient pas entre elles, comme une voisine, un frère, une amie dans un autre quartier, et une cousine dans une autre ville qui maintiendrait un contact régulier par correspondance. Un réseau à forte densité correspondrait à la situation d'un sujet dont la famille élargie se réunit régulièrement pour diverses célébrations.

Souvent, il n'y a pas de réseau unique mais il existe un ensemble de liens avec différents groupes de supporteurs qui interviennent différemment selon les besoins. Lorsque ces différents groupes se recoupent, le réseau est dit à forte densité, et lorsque ces groupes ne se connaissent pas, le réseau est dit à faible densité (Pearson, 1990, p. 158).

Les réseaux à forte densité sont probablement plus faciles à mobiliser en cas de besoin, à cause de la facilité de concertation entre les membres-soutien. Par ailleurs, le sujet qui a accès à différents sous-groupes dans son réseau conserve peut-être une marge de manoeuvre plus grande pour la satisfaction de ses différents besoins.

-La *stabilité*. Les réseaux sont habituellement stables, les acteurs impliqués demeurant dans les mêmes rôles et continuant d'avoir les mêmes besoins et les mêmes attentes. Mais certains événements ont pour effet de perturber le réseau, tels un divorce, un déménagement ou une perte de mobilité.

Les *patterns* les plus fréquents sont constitués d'un noyau stable, autour duquel gravitent des personnes qui sont relativement nouvelles mais qui fournissant les apports les plus dynamiques. Étant donné qu'il y a des limites dans le nombre de personnes avec lesquelles nous pouvons demeurer en lien significatif, on peut se représenter graphiquement ces liens en trois étapes:

— la phase ascendante, représentant les liens plus récents qui tendent à s'intensifier;

— la phase plateau, regroupant les liens stables, habituellement avec les membres de la parenté;

– la phase descendante, où l'on retrouve les liens qui tendent à se défaire lentement, permettant ainsi à d'autres personnes d'entrer dans le réseau (Pearson, 1987, p. 11).

-Le *degré d'homogénéité* correspond au degré de similitude entre les membres du réseau (sujets de même âge, de même quartier, de même religion, de même statut socio-économique…). Comme nous sommes portés à nous regrouper sur la base de nos affinités, notre réseau est habituellement assez homogène, mais la diversité est un facteur de stimulation et elle permet de satisfaire une variété de besoins.

-Le *degré de réciprocité*. La réciprocité existe lorsque nous percevons un équilibre entre ce que nous recevons et ce que nous donnons. Il n'est pas nécessaire que ce qui est donné et ce qui est reçu soient identiques, pourvu qu'à long terme, ce qui est échangé de part et d'autre demeure comparable.

-La *fréquence* des interactions. Étant donné que nous avons besoin de combler nos besoins sur une base relativement régulière, toutes choses étant égales, un réseau où les interactions entre les membres sont plus fréquentes sera plus soutenant qu'un réseau où ces interactions sont irrégulières et espacées.

-Le *rapport coûts-bénéfices*. Habituellement, nous faisons nous-mêmes partie du réseau de soutien de nos supporters. Par exemple, un homme se trouvera dans le réseau de sa femme, de ses enfants et de ses parents. Ceci le met en position de donner à son tour, et il peut arriver qu'il trouve exigeant d'être le soutien matériel et affectif des gens de son réseau.

Des chercheures ont même observé que le sentiment de bien-être des femmes était inversement proportionnel à la taille de leur réseau, ce qui les a amenées à conclure qu'un grand réseau pouvait être une arme à double tranchant (Antonucci et Akiyama, 1988). De plus, certaines personnes peuvent être dépressives, hostiles ou manipulatrices, ce qui entraîne sans doute des coûts plus élevés pour les membres de leur réseau.

-L'*intimité*, que l'on peut décrire comme le degré de sympathie et d'attachement entre un membre et son supporteur (accès mutuel et partage du vécu respectif).

-L'*accessibilité*, ou le degré de facilité avec laquelle le sujet peut mobiliser l'aide de ses supporteurs.

La réciprocité ou la théorie des échanges

Étant donné que la réciprocité constitue une dimension fondamentale de l'intimité et du sentiment d'autonomie, on peut présumer qu'une faible réciprocité sera source d'insatisfaction. Et de fait, les recherches indiquent que l'incapacité de donner en retour tend à se traduire par une baisse de l'estime de soi (à moins de tomber sur une personne qui s'imagine que tout lui est dû).

Il s'ensuit que lorsque la réciprocité n'est pas possible, on préfère être du côté de celui qui donne davantage plutôt que du côté de celui qui reçoit davantage (Antonucci, 2001, p. 440).

La question de la réciprocité des échanges revêt donc une importance stratégique au moment où le fait de vieillir nous limite dans certaines de nos ressources. Antonucci utilise le concept de *banque de soutien* pour décrire la tendance à tenir compte de ses *dépôts* et de ses *retraits*, l'idéal étant de maintenir un équilibre tout en se constituant une certaine réserve (Crohan et Antonucci, 1991, p. 140).

Des données recueillies par Paquet (1988) auprès de personnes soutien du territoire de Lanaudière nuancent toutefois ce tableau. Le chercheur a trouvé que même si ces sujets trouvaient difficile de devoir s'occuper d'un proche en perte d'autonomie, ils en retiraient aussi une nette satisfaction, qui prenait les formes suivantes: ne pas avoir à faire héberger la personne âgée en institution (96% des sujets), le sentiment de respecter son attachement pour son milieu naturel (92%) et la possibilité de lui rendre ce qu'elle avait fait dans le passé (86%).

Cette dernière motivation illustre bien le concept de banque de soutien, les *prêts* que le parent a octroyés à son enfant dans le passé étant maintenant *remboursés* par *versements* réguliers.

Disons enfin que pour maintenir une certaine réciprocité, les *monnaies* utilisées peuvent varier, l'homme qui conduit une voisine chez son médecin se voyant *payé* de retour par une tarte maison…

Cette théorie des échanges ne fait cependant pas l'unanimité, et la recherche de Paquet en montre bien la limite, la satisfaction de pouvoir maintenir son parent dans son milieu naturel apparaissant comme une motivation plus forte pour les personnes soutien que le fait de pouvoir s'acquitter d'une dette à son endroit. Nous y reviendrons au chapitre suivant.

Les différences hommes-femmes

Les différences selon les sexes sont marquées en ce qui a trait à l'implication dans les réseaux. Ceux des femmes tendent à être mieux garnis et plus diversifiés et à donner lieu à des contacts plus fréquents et plus intimes, les hommes étant davantage portés à ne se confier qu'à leur conjointe (Antonucci, 1990, p. 213, Moore, 1990, p. 731 et Chappel et Guse, 1989, p. 221).

Les femmes se sentiraient davantage concernées que les hommes par les problèmes vécus par les membres de leur réseau. Quant aux hommes, ils seraient portés à s'attendre à ce que ce soit leur conjointe qui gère les contacts dans leur réseau commun. Ceci leur permettrait de s'épargner du stress, mais ils seraient davantage pénalisés lorsque leur conjointe cesse d'être disponible, que ce soit par sa maladie ou par son décès (Antonucci, 2001, p. 433).

Quant à l'implication des enfants dans le soutien des parents, une part beaucoup plus lourde de la tâche revient aux filles (Suitor et Pillemer, 2002, p. 1047), et les interventions tendront à se faire selon la division traditionnelle des tâches, les femmes prenant davantage en charge la préparation des repas, la lessive et la propreté, tandis que les hommes s'impliqueront (souvent avec leur épouse!) dans le magasinage, la gestion financière et les travaux plus lourds (Palo Stoller, 1990, p. 234).

Lors de la perte d'autonomie d'une personne âgée, l'implication des membres du réseau familial tend à se faire selon le principe de substitution. La responsabilité première du soutien revient alors au conjoint (dans 44% des cas dans l'étude de Paquet, 1988), puis aux enfants adultes (36%), et enfin aux autres membres de la famille: bru, gendre, frères et soeurs, neveux et nièces dans 20% des cas).

L'impact du vieillissement sur la taille du réseau

Les pertes reliées au vieillissement, de même que la tendance à un certain désengagement chez plusieurs sujets âgés, sont de nature à exercer un effet de contraction sur leur réseau, comme l'illustre la figure présentée à la p. 102, inspirée d'Antonucci et Kahn (1980, p. 276).

Les variations dans la taille des réseaux diffèrent selon les recherches. Palo Stoller et Pugliesi (1991) ont interrogé 173 sujets âgés en 1979 et en 1986, et ils ont noté que leurs réseaux demeuraient stables et ceci, indépendamment des variations dans le niveau d'autonomie physique des sujets. Une autre étude, menée sur une période de trente ans celle-là, n'indique aucune différence elle non plus dans la taille des réseaux des hommes de 55 ans et moins et dans la taille des réseaux des hommes de 55 ans et plus (Antonucci, 1990, p. 209).

Des auteurs américains rapportent une moyenne de 8 à 11 membres par réseau (Rudkin et Indrikovs, 2002, p. 1315) tandis que des chercheurs d'ici (Martel et Légaré, 2001) présentent les données suivantes sur les personnes âgées du Québec:

-Sujets vivant avec leur conjoint: 16,8 personnes en moyenne dans leur réseau.
-Sujets sans conjoint mais avec enfants: moyenne de 12,7 personnes dans leur réseau.
-Sujets sans conjoint ni enfants: moyenne de 9 personnes dans leur réseau.

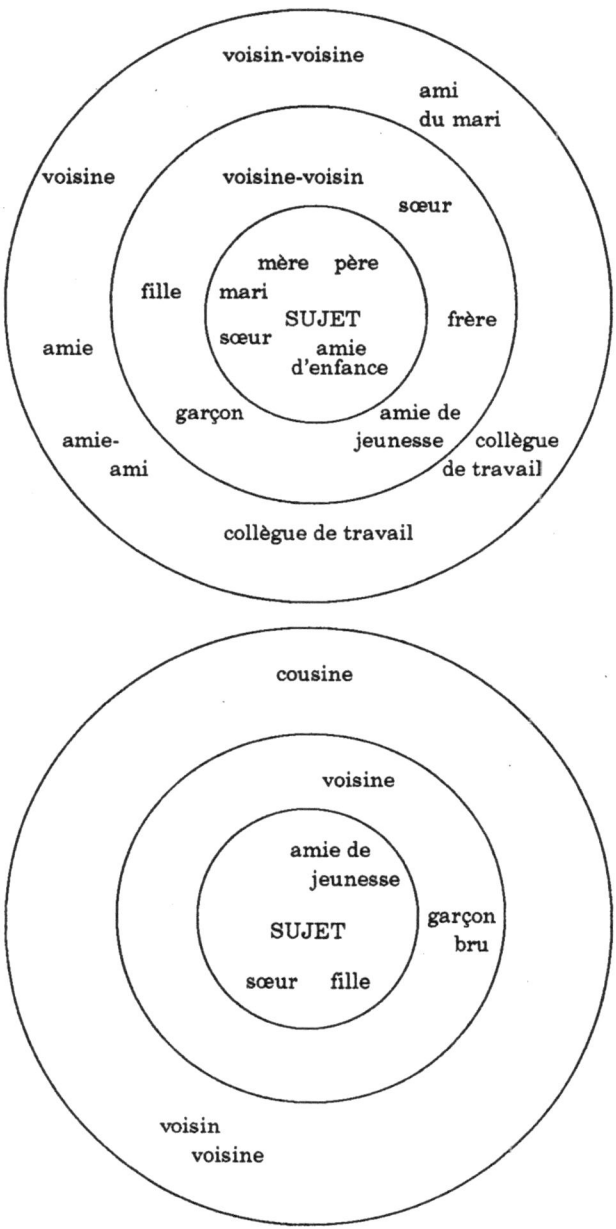

Figure 7: *Réseau d'un même sujet à l'âge de 35 et de 75 ans.*

Ces données font ressortir l'importance de la famille immédiate, et elles vont sûrement à l'encontre du stéréotype selon lequel vieillir, c'est nécessairement s'enfoncer dans une solitude de plus en plus grande.

Revenons à notre figure, qui illustre une diminution du nombre de membres du réseau avec l'âge. Ce phénomène va dans la ligne du désengagement sélectif que nous avons examiné au chapitre trois, et il inspire le commentaire suivant à la spécialiste des réseaux:

> «Il se peut que le nombre total de relations diminue avec l'âge, mais celui des relations intimes, ainsi que le soutien qui en découle, demeurent passablement stables jusqu'à un âge très avancé.» (Antonucci, 2001, p. 432).

La revue des recherches faite par Rook (2000, p. 176) va dans le même sens, et cette auteure en conclut à la page suivante que «les déclins dans les activités sociales ne se font pas au détriment du bien-être, mais ils témoignent plutôt du contrôle que les sujets âgés choisissent d'exercer sur leurs relations».

Quelques solutions de rechange

Lorsqu'elle perd des membres de son réseau qui ont longtemps été importants pour elle, la personne âgée peut recourir à différentes solutions de rechange. Nous examinerons celles qui sont inventoriées par Rook (2000, p. 179-185).

<u>Réactiver des liens dormants</u>

La première stratégie consiste à réactiver des relations tombées en dormance: un ancien compagnon de travail, une confrère de collège ou une amie d'enfance. Cette stratégie présente aussi l'avantage qu'avec cette reprise de contact, c'est tout un pan de son passé qui se trouve réanimé.

Cette stratégie peut aussi s'étendre à des personnes qui sont déjà dans son réseau, et avec lesquelles on aura désormais une relation intensifiée, que ce soit en passant plus de temps avec elles ou en augmentant son niveau d'intimité et de confidences (ce pourra être avec un frère ou une sœur, un de ses enfants, une amie, etc.).

Réévaluer ses besoins et ses aspirations

Lorsqu'un membre quitte le réseau, on peut décider de s'accommoder de cette perte en estimant que ses besoins seront suffisamment comblés par les membres restants. Le principe serait ici de «recevoir autant, mais de moins de personnes», voire tout simplement de «se contenter de moins».

Cette stratégie comporte un certain risque de nier ses besoins de contact intime avec d'autres personnes, mais elle fait partie d'une tendance lourde à la vieillesse, qui est de s'accommoder de bon cœur, voire de désirer une certaine contraction de son espace physique et de son espace social.

Se tourner vers des activités individuelles

Enfin, on peut compenser la perte d'un membre du réseau en misant sur des activités individuelles. Par exemple, si un vieux partenaire de Scrabble n'a plus la vision ou la concentration nécessaire, on peut commencer à jouer *contre la machine*, sur l'ordinateur. Mais on peut aussi s'inscrire à un cours de peinture, ou simplement retourner à sa collection de timbres ou se remettre à faire des mots croisés.

Enjeux pour l'intervention

L'enjeu le plus évident consiste à alléger dans la mesure du possible la tâche des personnes soutien. Les recherches tendent en effet à démontrer que ce rôle accroît chez elles le risque de dépression et d'autres problèmes de santé mentale, et peut-être aussi de santé physique (Suitor et Pillemer, 2002, p. 1047). Il faut donc tenter de minimiser ce risque: mesures de maintien à domicile, centres de jour, hébergement de courte durée, etc.

Un autre enjeu consiste à sensibiliser les personnes âgées à l'importance d'entretenir et de diversifier leur réseau, et à les aider dans ce sens. De nombreuses stratégies ont été mises en place à cet effet, et une revue des recherches leur prête un certain succès (Hogan et autres, 2002, p. 424). Krause (2006a, p. 186-187) suggère pour sa part d'aider les personnes âgées à développer les habiletés sociales en cause, et notamment:

1. L'empathie, c'est-à-dire la capacité de se mettre à la place de l'autre, de percevoir comment il se sent et ainsi de prévoir comment il va réagir aux choses qu'on se propose de lui dire ou au geste qu'on se propose de poser à son endroit.

2. La capacité de s'exprimer, de communiquer ses sentiments, son vécu, ses projets et ses besoins.

3. La gratitude, c'est-à-dire la capacité d'exprimer son appréciation pour ce qu'autrui fait pour nous.

4. La souplesse et l'habileté à négocier, de manière à réconcilier d'une façon acceptable aux deux parties les différences dans les sensibilités et dans les besoins respectifs. Nous y reviendrons dans le prochain chapitre.

5. On pourrait ajouter la capacité de pardonner, et donc de ne pas garder rancune pour des erreurs ou des faiblesses réelles ou perçues de la part d'autrui, et à l'inverse, l'aptitude à s'excuser pour ses propres erreurs, indélicatesses, indiscrétions ou manques de disponibilité à l'endroit d'un supporteur.

De telles habiletés représentent assurément des moyens privilégiés pour entretenir et consolider son réseau.

On trouvera en Annexe 1 un instrument d'exploration d'un réseau. En plus de rendre davantage conscient de l'état de son propre réseau, cette démarche peut permettre de mieux comprendre la dynamique de base de tout réseau.

En conclusion

Sans que nous en soyons toujours conscients, nos proches nous aident de bien des façons à passer des caps difficiles ou simplement à maintenir à leur niveau optimal notre capacité de bien gérer notre vie et notre sentiment d'être à la hauteur. Nous avons donc intérêt à bien entretenir notre réseau.

Compte tenu du fait que les parents âgés et leurs enfants adultes sont des acteurs privilégiés dans leurs réseaux respectifs, nous consacrerons le prochain chapitre à l'exploration de leurs relations.

Chapitre 9

GÉRER LA RELATION PARENT ÂGÉ – ENFANT ADULTE

PROBLÉMATIQUE ET ENJEUX

> *«Nous sommes tour à tour les enfants de nos parents, les parents de nos enfants, les parents de nos parents, et les enfants de nos enfants. »*
> -Jarvik, 1983, p. 117-118

Dans ce chapitre, nous entendrons le point de vue du parent âgé sur sa relation avec ses enfants adultes et nous aborderons quatre phénomènes qui ont un impact direct sur cette relation. Après quelques réflexions sur la question de l'échange de conseils, nous examinerons différents points de repère destinés notamment à faciliter la relation avec un parent en perte d'autonomie, avec un parent très âgé ou entre frères et sœurs vieillissants.

De par sa nature même, la relation parent/enfant dure toute la vie, et elle peut être source de soutien en même temps qu'occasion de conflit. L'augmentation de l'espérance de vie a pour effet de prolonger cette relation, et on a vu au premier chapitre que les Québécois des deux sexes passeront en moyenne les quinze dernières années de leur vie aux prises avec des limitations de leurs activités. Or, la baisse du taux de natalité fait en sorte que les personnes en perte d'autonomie devront compter sur moins d'enfants pour leur venir en aide.

L'augmentation de la fréquence des divorces et de la recomposition des familles vient également modifier la dynamique des relations inter-générations. En même temps qu'il voit sa relation avec ses premiers beaux-parents perturbée, le conjoint d'une famille reconstituée doit apprendre à composer avec les besoins de ses nouveaux beaux-parents, avec lesquels il n'a pas d'histoire commune. Et ceci, au moment où il doit se faire présent aux besoins de ses propres enfants, voire de ses petits-enfants, ainsi qu'auprès des enfants de son nouveau conjoint.

Enfin, il arrive souvent que les enfants adultes aient amorcé la première phase de leur propre vieillissement et qu'ils doivent par conséquent composer avec la diminution de leur énergie et leurs propres ennuis de santé.

Compte tenu de ces nombreux obstacles, il est étonnant que la relation parent âgé/enfant adulte réussisse dans l'ensemble à être aussi chaleureuse et soutenante (Suitor et Pillemer, 2002, p. 1044; McGraw et Walker, 2004).

Dans une vaste enquête américaine, 42% des parents âgés disaient offrir des conseils et du soutien à leurs enfants, 33% disaient leur donner de l'argent, et 29% rapportaient recevoir des conseils de leurs enfants et s'occuper à l'occasion de leurs petits-enfants. De ces parents, 20% déclaraient recevoir de l'aide pour des travaux ménagers, des déplacements ou pour l'entretien de la maison, et seulement 3% disaient recevoir de l'aide financière de leurs enfants.

Enfin, plus du tiers des répondants déclaraient ne rien donner à leurs enfants et 60% disaient ne rien recevoir d'eux (Eggebeen, 2002, p. 725). Ceci a de quoi surprendre, du fait que les enfants occupent habituellement une place importante dans le réseau de soutien de leurs parents, et que beaucoup de recherches font ressortir le fait que les parents et leurs enfants adultes maintiennent de fréquents contacts, que ce soit par téléphone, des visites ou du courrier.

L'auteur qui rapporte ces données avance l'hypothèse selon laquelle l'aide aux parents ne surviendrait d'habitude que d'une façon ponctuelle, à l'occasion d'un besoin particulier. Ces chiffres ne pourraient-ils pas aussi s'expliquer en partie par l'insatisfaction de certains répondants face à leurs relations avec leurs enfants? Jetons donc un coup d'œil aux sources de friction les plus fréquentes de part et d'autre.

Le point de vue du parent âgé

Le parent âgé doit parfois composer avec des aspects pénibles dans sa relation avec ses enfants adultes. Talbott (1990) a interrogé 55 veuves américaines âgées de 61 à 85 ans, et elle est arrivée au constat suivant.

La moitié des mères n'ont pas formulé d'insatisfaction à l'endroit de leurs enfants. On peut conclure non pas que ces insatisfactions n'existent pas, mais qu'elles sont minimes. L'autre moitié des mères ont exprimé un ou plusieurs motifs d'insatisfaction, parmi la liste qui suit.

<u>Se sentir négligée</u> par leurs enfants adultes. Par exemple, une femme mentionne que la dernière visite hebdomadaire de sa fille n'a duré que quinze minutes, et la précédente, dix minutes. L'appréciation du temps est une question subjective, mais il reste que l'attention reçue est estimée insuffisante ici.

Une autre mère confie que lors de la dernière grande rencontre familiale, elle était «assise dans son coin» tandis que les autres s'amusaient ensemble.

<u>Ne pas recevoir suffisamment d'aide</u>. Par exemple, une femme s'exprime ainsi: «J'aimerais être aussi chanceuse que ma mère. Elle disait "Je ne sais pas ce que je ferais sans ma fille, elle fait tout pour moi", et c'est vrai que j'en faisais beaucoup. Moi, quand je vais avoir besoin d'aide, je ne sais vraiment pas...»

En même temps qu'elles expriment leurs insatisfactions, les mères tentent souvent d'excuser leurs enfants qu'elles disent «bien occupés», un peu comme si elles se sentaient coupables d'avoir besoin d'eux.

<u>Avoir peur de déranger les enfants</u>. Une femme dit qu'elle ne dérange pas ses enfants et que cela fait leur affaire. D'autres ajoutent que leurs enfants apprécieraient qu'elles se remarient, ce qui leur enlèverait une responsabilité.

Se sentir affectivement dépendante. Certaines femmes trouvent difficile de dépendre de leurs enfants et petits-enfants pour leurs besoins affectifs: «Mes petits-enfants peuvent être très bruyants, mais presque tous mes amis sont morts, alors je prends ce que je peux.»

Devoir aider financièrement les enfants. Les deux tiers des répondantes disent recevoir de l'aide de leurs enfants, tandis que 60% d'entre elles disent leur fournir elles-mêmes de l'aide, et il s'agit d'aide financière dans près de 40% des cas. Cette aide est perçue comme problématique quand elle se fait au détriment du bien-être matériel des mères, ou lorsqu'elle sert de monnaie d'échange pour leurs contacts avec leurs enfants.

Par exemple, une mère donne à sa fille le paiement de base pour l'achat d'un condo, une autre vend sa maison à sa fille sans paiement comptant et pour des mensualités inférieures à ce qu'elle donne à sa fille pour continuer d'y habiter.

Devoir rendre divers services aux enfants. Plusieurs mères âgées rendent à leurs enfants des services pour lesquels ceux-ci devraient normalement payer, comme faire du ménage, préparer des repas ou garder les petits-enfants. Une mère rapporte que sa fille avait l'habitude de lui dire quand elle devait garder sa petite-fille, sans lui demander si ça lui convenait ou si elle avait d'autres projets.

Cette femme finit par dire à sa fille qu'elle était disponible au besoin, mais qu'elle ne voulait plus que ce soit elle qui lui dise quoi faire. Mais elle ajoutait: «Si quelque chose arrivait à ma fille, je ne sais pas ce que je ferais. C'est la seule parenté qui me reste.», exprimant par là les concessions que plusieurs mères sont prêtes à faire pour maintenir le contact avec leurs enfants.

Plusieurs mères éprouvent de la satisfaction à faire plaisir à leurs enfants et petits-enfants, surtout lorsque ceux-ci n'abusent pas, mais plusieurs autres sont ambivalentes, estimant qu'elles ont travaillé fort pour avoir ce qu'elles ont et qu'elles y auraient droit, tandis que leurs enfants et petits-enfants ont tout ce qu'ils veulent sans effort et qu'ils abusent d'elles.

Aux points de friction mentionnés dans cette étude peuvent s'ajouter des problèmes des enfants adultes qui heurtent les valeurs des parents, comme le fait de ne pas conserver ses emplois, d'abuser d'alcool ou d'autres drogues, de s'engager dans des conduites illégales ou d'être un conjoint violent ou irresponsable.

Des recherches rapportent également une incidence accrue de détresse psychologique et de dépression chez les parents dont les enfants adultes éprouvent des troubles de santé mentale ou physique (Suitor et Pillemer, 2002, p. 1046).

Lors du divorce d'un enfant, les parents peuvent être appelés à s'engager davantage, que ce soit au plan du soutien affectif, de l'aide financière ou des soins aux petits-enfants, voire même de l'hébergement de leur enfant divorcé. Il semble toutefois que ces situations n'aient pas nécessairement d'impact sur la qualité de la relation comme telle avec l'enfant divorcé, et que dans certains cas, le divorce pourrait être l'occasion d'un rapprochement entre eux (Suitor et Pillemer, 2002, p. 1046).

La motivation des enfants adultes

Nous avons vu au chapitre précédent comment la théorie des échanges sociaux tente de rendre compte des comportements de soutien à l'aide de la notion de réciprocité, d'où le concept de banque. Cette théorie n'a pas encore été confirmée par la recherche (Eggebeen, 2002, p. 725).

Une alternative consiste à expliquer les comportements de soutien par l'altruisme, ou du moins par le sentiment de responsabilité que parents et enfants éprouveraient à l'endroit de leur bien-être respectif. Ici aussi, les recherches font défaut, mais cette explication semble contenir au moins une part de vérité.

Thompson (1989, p. 270) suggère de parler de «responsabilité inter-générations» pour désigner ce phénomène d'ajustement mutuel entre parents âgés et enfants adultes. Nous examinerons brièvement les quatre composantes qu'elle distingue dans ce processus, soit l'attribution, l'implication, l'empathie et la coopération.

L'attribution

L'attribution est le fait d'établir des liens de cause à effet entre deux situations ou deux comportements. Par exemple, si son enfant a un surplus de poids, le parent peut faire intervenir des facteurs génétiques ou en attribuer la responsabilité à l'enfant qui mange mal et ne fait pas d'exercice. Ou encore, le parent peut expliquer le divorce de son enfant aux manquements de ce dernier, ou au contraire, à son conjoint qui était immature ou trop exigeant.

L'attribution des besoins du parent âgé serait un facteur important dans la réaction de l'enfant adulte. Par exemple, mon père insiste-t-il pour avoir régulièrement de mes nouvelles parce qu'il «s'en fait pour rien» ou qu'il «veut me contrôler», ou parce qu'il se sent seul depuis la mort de ma mère? Ma mère est-elle négative envers moi parce qu'elle est déprimée depuis son hébergement ou parce qu'elle n'approuve pas mon choix d'un nouveau conjoint?

Le phénomène des attributions joue un rôle central en structurant les perceptions. L'idéal serait donc que les parents âgés et les enfants adultes tentent de clarifier celles qu'ils font l'un par rapport à l'autre, et qu'ils s'expliquent au besoin ensemble à ce sujet.

L'implication

Pour être en mesure de s'ajuster dans une relation, chaque partenaire doit comprendre les besoins et les attentes de l'autre. Ceci ne va pas toujours de soi, car nous ne sommes pas toujours conscients ni de ce que nous désirons vraiment, ni de ce que nous demandons effectivement (les deux ne coïncident pas toujours). Par ailleurs, certaines personnes âgées préfèrent taire leurs besoins, dans l'espoir de préserver leur indépendance ou d'éviter un refus. L'implication nous invite donc à une certaine transparence.

L'empathie

Alors que l'implication nous amène à nous dire à notre partenaire, l'empathie nous invite à nous faire sensibles à la façon dont celui-ci réagit. Il s'agit donc de nous décentrer provisoirement de nos préoccupations et de nos sentiments, pour nous faire attentifs au vécu d'autrui.

Pour être empathique, il n'est pas nécessaire d'adopter le point de vue de l'autre ni d'être d'accord avec la façon dont il organise sa vie ou dont il réagit aux événements. Il faut cependant s'ouvrir suffisamment à son point de vue pour réussir à comprendre comment il perçoit la situation.

Par exemple, pour aider un parent âgé à atteindre cette empathie, on peut vérifier s'il a une perception réaliste de l'impact de ses demandes sur la vie de son enfant, et l'aider au besoin à réévaluer ces demandes.

La coopération

La quatrième composante de la «responsabilité inter générations» consiste dans la coopération. Celle-ci est fondée sur la reconnaissance du fait que le bien-être des deux partenaires est lié, et que chacun doit, par conséquent, tenir compte de l'autre dans les attentes qu'il entretient, les gestes qu'il pose et les demandes qu'il fait.

L'attitude coopératrice repose sur une condition parfois exigeante: chaque partenaire doit être prêt à se remettre fréquemment en question pour vérifier si ses actions demeurent dans la ligne des intérêts mutuels des deux partenaires.

C'est ici un test pour la responsabilité inter-générations, car dès que l'un des partenaires se met à agir d'une façon unilatérale, c'est tout le processus de communication qui risque de s'effondrer. Ceci survient quand l'enfant adulte refuse de modifier un tant soit peu l'organisation de sa vie pour se faire présent aux besoins de son parent âgé. Et ceci survient également quand le parent âgé maintient des exigences ou des façons de faire qui ont pour effet de compliquer passablement la vie de son enfant adulte.

L'échange de conseils

Nous avons mentionné plus haut une étude selon laquelle 42% des parents âgés disaient donner des conseils à leurs enfants et 29% rapportaient recevoir des conseils de leurs enfants (Eggebeen, 2002, p. 725). Il s'agit donc d'une expérience relativement courante, que nous regarderons de plus près.

Les conseils qui sont échangés entre parents âgés et enfants adultes sont une façon concrète de vivre la responsabilité inter-générations. Une personne âgée peut percevoir le fait de donner des conseils comme le dernier élément de son rôle de parent. Beaucoup d'entre elles, préoccupées par le bien-être de leurs enfants adultes, s'en abstiennent toutefois, par respect pour leur autonomie.

D'autres parents se sentent à l'aise dans cette démarche, surtout lorsqu'elle est vécue sous le signe de la réciprocité et du respect. Une personne âgée s'exprime ainsi: «Je dis à mes enfants ce que je pense et ce qui me préoccupe, et vice versa. Ensuite, chacun peut toujours faire comme il l'entend.»

Même si elle est faite librement, cette démarche requiert du discernement et du tact. La même personne ajoute: «C'est sûr qu'on ne se dit pas tout ce qui nous passe par la tête, mais on a toujours été ouverts pour exprimer nos opinions.»

D'autres personnes en sont venues à s'abstenir: «Je ne donne plus de conseils à mes enfants; ils ne les ont jamais suivis, de toute façon, et lorsque j'essaie, je les sens tout de suite se fermer. C'est dommage, parce que parfois, mes conseils leur auraient sauvé beaucoup d'argent et d'ennuis.»

Il est vrai qu'un conseil bien avisé peut parfois nous aider beaucoup, que l'on soit parent âgé ou enfant adulte. Pour favoriser la mutualité, rien de tel que d'avoir la simplicité de demander conseil à l'occasion. Cette démarche aura de bonnes chances d'être perçue comme ce qu'elle est:

une marque d'appréciation à l'endroit du bon jugement de l'autre et de l'intérêt qu'il nous porte.

Avec un parent en perte d'autonomie

Plusieurs parents âgés atteignent un stade où ils enregistrent des pertes d'autonomie. Voici quelques conseils à l'intention de leurs enfants. Ces conseils sont directement inspirés de ceux que l'on trouve sur le site de l'Association canadienne pour la santé mentale (www.acsm.ca).

1. Renseignez-vous sur les changements physiques qui sont associés au vieillissement. Ce sera plus facile de vous y adapter lorsqu'ils surviendront chez vos parents. (Nous en parlerons aux chapitres 12 et 13.)

2. Tentez d'établir d'une façon réaliste ce que vous pouvez faire maintenant pour vos parents, et ce que vous pourrez faire dans un avenir prévisible, à mesure qu'ils requerront davantage de soins.

3. Évitez de faire des changements majeurs sous le coup de l'émotion, comme de prendre vos parents chez vous. Consultez les membres de votre famille, y compris vos parents eux-mêmes, et analysez soigneusement les options.

4. Valorisez l'autonomie de vos parents, par exemple en respectant leurs décisions, et explorez les ressources qui pourraient les aider à demeurer autonomes. Encouragez-les aussi à explorer librement entre eux et avec vous des questions délicates comme leur perte d'autonomie, leur hébergement éventuel et même leur décès. Si ce n'est déjà fait, conseillez-leur de faire leur testament et de signer un mandat notarié en cas d'inaptitude.

5. Si l'aide que vous leur apportez vous paraît lourde, tentez de demeurer en contact avec vos réactions physiques et affectives à ce stress, ainsi qu'à l'impact de ces réactions sur vos proches. Considérez votre irritabilité éventuelle comme un signal d'alarme. Envisagez de vous joindre au besoin à un groupe de soutien.

6. Un enjeu additionnel concerne les problèmes de communication entre frères et sœurs. Le soutien de parents vieillissants peut rapprocher les enfants, mais il peut aussi compliquer leurs relations, voire réactiver de vieilles rivalités et de vieux conflits. Vous serez peut-être porté à croire que vos frères et soeurs ne font pas leur part et qu'ils ont moins à cœur le bien-être de vos parents. Ces problèmes risquent de se compliquer par l'éloignement géographique d'un des enfants, qui doit faire face à sa culpabilité d'en faire moins et au ressentiment éventuel de la soeur ou du frère qui vit à proximité et qui se retrouve avec la pleine responsabilité du soutien du parent âgé. Une communication franche et empathique sera d'un grand secours ici.

Quelques enjeux pour l'intervention

Les intervenants qui travaillent avec les familles peuvent utiliser les points de repère fournis dans le présent chapitre pour sensibiliser les intéressés aux enjeux multiples qui les confrontent. Ils pourraient aussi leur poser les trois questions suivantes:

– Quelles sont les deux choses que j'apprécie le plus dans mes relations avec ma mère (mon père ou mes parents) ou avec ma fille (mon fils ou mes enfants)?

– Quels sont les deux points les plus délicats dans ces relations?

– Comment ces points pourraient-ils être améliorés?

Les réponses pourraient par la suite être discutées avec l'intervenant seul, ou encore directement entre les parents et les enfants.

Avec des parents très âgés

En nous inspirant de Kenny (1988), nous terminerons par une liste de conseils à propos des visites à un parent très âgé.

1. Faites vos visites sur une base régulière, ou à défaut, faites connaître à l'avance le moment de votre prochaine visite. Cela aide votre parent à structurer son espace temporel.

2. Planifiez un peu vos conversations, en vous faisant une liste mentale des choses dont vous aimeriez parler. Les conversations plus nourries sont plus stimulantes, et il est parfois bon d'avoir les sujets présents à l'esprit.

3. Prévoyez suffisamment de temps. Les visites éclair permettent parfois de se soulager la conscience, mais elles risquent d'être source de frustration pour la personne visitée.

4. Assoyez-vous près de votre parent, et d'une façon qui lui permette de bien voir votre figure (évitez par exemple de vous asseoir le dos à une fenêtre ensoleillée).

5. Apportez quelque chose. Les surprises sont toujours bienvenues. Elles permettent d'amorcer la conversation et de prolonger votre présence après votre départ.

6. Amenez un enfant, lorsque cela est possible et si vous savez que cela fait plaisir à votre parent.

7. Ayez des contacts physiques, qui sont une bonne façon d'échanger de l'affection.

8. Proposez une promenade lorsque la chose est possible, même s'il s'agit d'une brève marche.

9. Invitez votre parent à parler de son passé. Il se peut que cette démarche soit significative et agréable pour lui.

10. Soyez vous-même, et partagez vos préoccupations et vos sentiments avec votre parent, sans cependant l'envahir avec vos problèmes. Les confidences sont un cadeau que l'on fait de soi-même.

Aucune liste de conseils ne peut convenir à toutes les situations. Mais certains rappels peuvent parfois aider un peu, et c'est dans cette perspective qu'ils sont offerts ici.

Les personnes âgées sans enfants

Le plaisir et le soutien que les parents âgés retirent de leurs contacts avec leurs enfants et leurs petits-enfants pourraient nous porter à penser qu'ils sont plus heureux que les personnes âgées qui n'ont pas d'enfants.

Les recherches tendent cependant à démontrer que ces deux sous-groupes ne se distinguent pas en ce qui a trait à leur niveau de bien-être ou de satisfaction face à la vie. Les personnes âgées sans enfants sont même portées à percevoir leur situation comme comportant plus d'avantages que d'inconvénients, et elles tendent aussi à développer en conséquence leur réseau de soutien. En contrepartie, ces personnes seraient plus susceptibles de vivre en résidence que les personnes âgées avec enfants (Suitor et Pillemer, 2002, p. 1047-1048).

Il faut donc se faire une idée nuancée de la situation des personnes âgées sans enfants, de manière à éviter ici aussi les stéréotypes.

Entre frères et sœurs vieillissants

Nous terminons avec quelques balises inspirées des réflexions d'une amie sur ses relations avec ses frères et sœurs vieillissants.

1. Vouloir changer les autres s'avère rarement utile et souvent source de frustration.

2. Exprimer ses besoins, sans s'attendre pour autant à ce que les autres y répondent nécessairement et tout de suite.

3. Respecter les choix de chacun en ce qui concerne sa façon de composer avec la maladie.

4. En vieillissant, il est de moins en moins nécessaire d'organiser de grosses activités pour être bien ensemble.

5. Bannir de ses conversations les regrets du passé et les jugements sur la jeunesse d'aujourd'hui. Être à l'affût de ce qui inspire l'espoir.

6. Lorsqu'on nous demande comment nous allons, répondre franchement et clairement, mais ne pas faire de nos malaises notre sujet de conversation principal, voire notre unique préoccupation.

7. Veiller les uns sur les autres (téléphones, visites, échanges de services, courriels...) mais cultiver aussi ses autres réseaux d'appartenance.

Tout au long de ce chapitre, nous avons soulevé beaucoup de points susceptibles d'exercer un impact sur la qualité de vie de la personne âgée et de ses proches. Ces enjeux méritent donc une attention spéciale.

Chapitre 10

DEVENIR UN RETRAITÉ

PARCOURS ET PROFILS

> *«Ce qui a constamment rythmé ma vie*
> *depuis plus de trente ans arrive à sa fin,*
> *et je me surprends à me demander*
> *ce que je pourrais bien faire en septembre.»*
> -Un enseignant sur le point de prendre sa retraite.

Ce chapitre nous mettra en contact avec le phénomène de la retraite, à la fois comme transition et comme étape de vie, à l'aide d'un modèle qui en identifie les différentes phases. Après avoir examiné quelques profils de retraite, nous terminerons en formulant différents enjeux qui surviennent lors du passage à la retraite.

On entretenait par le passé une perception négative de la retraite, laquelle était censée porter un dur coup à l'identité de travailleur et de pourvoyeur, entraînant de ce fait une kyrielle d'effets négatifs: baisse de l'estime de soi, désengagement et isolement, déclin de la santé et de la satisfaction face à la vie... (Palmore et autres, 1984, p. 109).

Les recherches menées durant les dernières décennies donnent un autre son de cloche, en montrant que la majorité des gens s'ajustent bien à leur retraite, que celle-ci n'entraîne pas d'effet négatif sur leur santé (Atchley, 2003, p. 123-124), et que beaucoup de retraités rapportent au contraire une diminution du stress (Ekerdt, 2002, p. 1220).

Dans une étude américaine portant sur un échantillon national, 64% des hommes et 59% des femmes se disaient «très satisfaits» de leur retraite, 29% des hommes et 34% des femmes se disaient «modérément satisfaits», et 7% des répondants des deux sexes se disaient «pas du tout satisfaits» (Ekerdt, 2002, p. 1219).

Dans le cycle de vie, la retraite occupe une place importante, à la fois comme transition majeure et comme étape de vie. Nous avons ici un bon exemple du rôle de l'*âge social* dont nous avons parlé au chapitre cinq: lorsqu'il atteint un certain âge chronologique, le travailleur sent qu'il peut, et quelque temps plus tard, qu'il *doit* prendre sa retraite, et son entourage entretient les mêmes attentes à son endroit. Et lorsqu'il omet de prendre sa retraite, surtout si sa performance au travail a décliné, ses collègues diront souvent de lui: «On se demande ce qu'il fait encore ici.» C'est dans ce sens que l'on qualifie la retraite d'événement *normatif* dans le cycle de vie.

(Il se peut que les pénuries de main-d'œuvre que l'on entrevoit pour bientôt viennent modifier cette situation, la société s'attendant désormais à ce que le travailleur âgé mais en bonne santé demeure en poste le plus longtemps possible. On aurait alors un bon exemple de la variation de l'âge social autour d'un même âge chronologique.)

Nous avons conçu la figure suivante de manière à synthétiser l'essentiel de la théorie et de la recherche actuelles sur ce phénomène.

La retraite comme transition et comme étape de vie

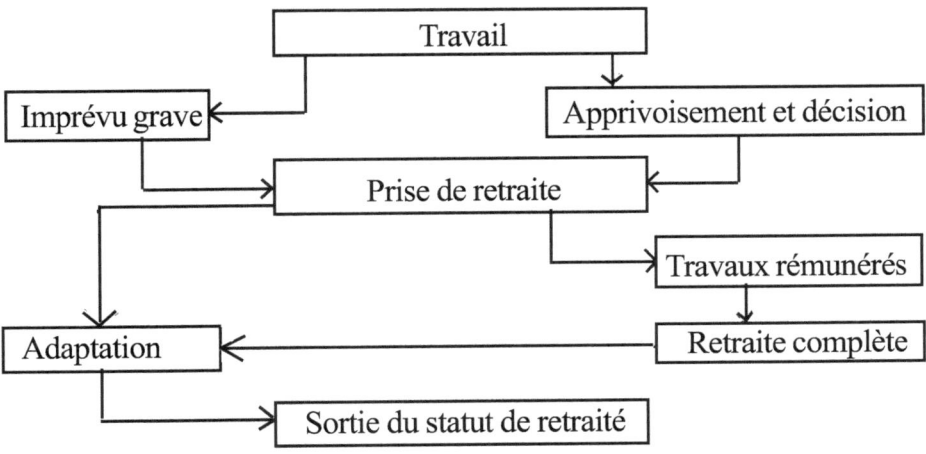

Figure 5: La retraite comme transition et comme étape de vie.

Le travail

Nous parlons ici du travail comme d'une occupation gagne-pain, et ceci, indépendamment du statut du travailleur et de la forme de sa rémunération (travailleur occupant un poste permanent à temps plein, contractuel, pigiste, à honoraires, à commission, etc.).

Imprévu grave

La cessation subite et imprévue peut avoir différentes causes: fermeture ou délocalisation de l'entreprise, abolition de poste, maladie grave ou maladie du conjoint entraînant sa perte d'autonomie. La cessation subite aura normalement pour conséquence de rendre plus difficile le processus d'adaptation à la retraite, vu que celle-ci n'aura pas été précédée d'une période d'apprivoisement.

Apprivoisement et décision

L'idée de la retraite est souvent précédée de certains signaux existentiels. Par exemple, les forces ou la santé déclinent; on a l'impression d'avoir *fait le tour du jardin*; on éprouve le sentiment d'avoir donné le meilleur de soi-même et de devoir *passer la main* à la génération qui suit; on prend conscience du fait que la vie est courte et qu'il faut en profiter avant qu'il ne soit trop tard…

D'autres signaux viennent renforcer le même message: des collègues ou des proches qui prennent leur retraite, les relevés annuels de cotisation à son fonds de retraite, le retour de la période de cotisation aux régimes d'épargne-retraite…

Au début de la cinquantaine, la majorité des gens ont une bonne idée de ce qu'ils sont et de ce qui leur convient. À partir de cette expérience, ils commencent à bâtir des scénarios qui leur permettent de se préparer à la façon dont ils vont s'adapter à ce changement majeur dans leur vie.

À l'aide de ces scénarios ou de ces images, ils explorent des possibilités (contacts avec les amis, voyages, loisirs, passe-temps,etc.), en évaluent la faisabilité et tentent d'apprécier aussi la satisfaction qu'ils pourront en retirer, ce qui leur permet d'ajuster leurs attentes et de dédramatiser leurs appréhensions.

L'apprivoisement passe aussi par des calculs sur les incidences financières de ces scénarios ou sur des thèmes associés: date d'admissibilité à différentes pensions, placements, rachats d'années de service, projet de vente éventuelle de la propriété s'il y a lieu et exploration des possibilités de relogement, établissement d'une date éventuelle pour sa retraite et celle du conjoint…

Dans cette période de préretraite, le désengagement affectif face au milieu du travail s'enclenche sérieusement. Le travailleur commence à se percevoir en sursis, il pense plus souvent à se retraite, compte les mois qui lui restent, et y fait de plus en plus référence dans ses conversations.

Dans bien des cas, tout cela ne va pas sans un certain stress. Le candidat peut anticiper une baisse de revenus et se demander s'il va devoir réduire son niveau de vie. Il peut aussi être aux prises avec des problèmes de santé, ou encore, s'inquiéter de la façon dont il va réussir à harmoniser sa vie quotidienne avec celle de sa conjointe. Et surtout, comme l'enseignant que nous avons cité en début de chapitre, le retraitant peut se sentir livré à l'inconnu et se préoccuper de la façon dont il va désormais organiser sa vie.

La fréquence de ce stress est difficile à évaluer. Certaines recherches la limitent à 30% des sujets (Bossé et autres, 1996). D'autres, par contre, l'observent chez la majorité des retraitants, qui «ont beaucoup de mal à entrevoir leur avenir et perçoivent leur retraite comme un événement qui va bouleverser leur vie et exiger d'eux de grands efforts d'adaptation» (Nuttman-Shwartz, 2004, p. 231).

Dans cette dernière étude, la majorité des candidats entretenaient un dialogue intérieur par lequel ils tentaient d'atténuer leur stress en considérant les gains à venir.

La prise de la retraite

La retraite survient lorsque le travailleur quitte son emploi et commence à toucher ses prestations de retraite, ce qui fait officiellement de lui un retraité. Au Canada, ceci survenait en moyenne à 60,9 ans en 1998 et à 61,8 ans en 2004, sans que l'on sache exactement à quoi attribuer cette augmentation (Gauthier et Asselin, 2006, p. 271-272).

On peut penser que la santé des aînés s'améliore tandis que leurs fonds de pension sont moins généreux qu'avant, de sorte qu'il faut maintenant accumuler davantage d'années d'ancienneté et d'épargne avant de faire le grand saut.

Outre ces considérations, le choix de prendre sa retraite s'inscrit dans des dynamiques variées. On peut par exemple:

-aimer son travail et vouloir travailler le plus longtemps possible;
-aimer son travail mais percevoir positivement sa retraite;
-être insatisfait de son travail et avoir hâte de le quitter;
-ne pas aimer son travail mais ne pas entrevoir positivement sa retraite non plus.

La décision peut donc s'avérer complexe, surtout lorsqu'on fait entrer en ligne de compte les facteurs financiers et les facteurs de santé.

L'événement de la retraite est habituellement souligné par une petite cérémonie sur les lieux du travail où, comme lors de l'homélie à des funérailles, on évoque les nombreuses qualités de l'intéressé et la valeur de sa contribution fidèle. En l'absence d'une telle cérémonie, il arrive souvent que les collègues invitent le retraité – ou plus exactement le *retraitant* – à un repas d'adieu au restaurant. Pour plusieurs, le cadeau qui leur sera remis à ces occasions prendra figure de symbole de tout ce pan de vie qu'ils laissent derrière eux et pourra déclencher un travail de relecture ou d'intégration de leur parcours de vie. Nous y reviendrons au prochain chapitre.

Beaucoup de recherches rapportent que le stress qui précède la retraite se dissipe après coup et que le niveau de bien-être ne tarde pas à remonter. Le bien-être tendrait à revenir à son niveau antérieur étant donné que cette variable est d'habitude passablement stable, tandis que le stress relève plutôt des circonstances de la vie (Nuttman-Shwartz, 2004, p. 229 et 235).

<u>Travaux rémunérés</u>

Pour la majorité des travailleurs, la retraite était autrefois un événement prévisible, obligatoire, unique et sans retour. De nos jours, un nombre croissant de travailleurs décide de retourner sur le marché du travail soit immédiatement après être officiellement devenus retraités, soit quelque temps par la suite. En examinant les données d'une vaste recherche portant sur 12,600 travailleurs américains, Cahill et ses collègues (2006, p. 523) ont observé qu'entre 53% et 60% d'entre eux s'étaient retirés par étapes et non d'un seul coup, tandis que d'autres spécialistes estiment cette proportion à environ un tiers (Ekerdt, 2002, p. 1220) ou à près de la moitié des retraités officiels (Maestas, 2004).

Chez nous, Statistique Canada rapporte que de 1998 à 2005, soit un très court laps de temps, le pourcentage d'hommes de 55-64 ans qui étaient sur le marché du travail a augmenté de 11%, et que cette augmentation a été de 9% pour les 65-74 ans. Les femmes de 55-64 ans étaient quant à elles 10% de plus à travailler, et celles de 65-74, 3% (Stobert, 2006, p. 15).

Une partie de ces travailleurs ont dû simplement reporter le moment de leur retraite, mais on peut présumer que les autres sont demeurés ou retournés sur le marché du travail après avoir officiellement pris leur retraite.

Même s'il n'est pas nouveau, ce phénomène prend donc des proportions importantes. Des travailleurs rompent leur lien d'emploi mais deviennent consultants pour la même entreprise, des infirmières fraîchement retraitées s'inscrivent à une agence et des enseignants se montrent disponibles pour des remplacements dans la commission scolaire qui les employait, tandis que d'autres retraités se dirigent vers l'économie informelle, s'improvisant par exemple conseillers en informatique auprès de clientèles âgées.

Ce phénomène représente une bonne nouvelle, car des milliers de travailleurs continuent ainsi d'investir leur expérience et leur compétence dans des tâches socialement utiles, sans compter les milliers d'autres qui le font autrement sur une base bénévole.

Au surplus, les pénuries de main-d'œuvre attribuables au déclin démographique vont accroître la pression sur les travailleurs pour que ceux-ci demeurent plus longtemps sur le marché du travail. La tendance décrite plus haut apparaît donc comme un pas dans la bonne direction.

À l'échelle individuelle, toutefois, le retour sur le marché du travail s'avère moins heureux lorsque les intéressés s'y voient forcés par des contraintes financières. On estime en effet que pour maintenir son niveau de vie, il faut que les prestations de retraite équivalent à un total variant entre 65 et 80% des revenus d'emploi, ce qui est loin d'être le cas pour beaucoup de travailleurs.

Il ressort de tout ceci que la retraite, qui tendait autrefois à survenir de la même façon pour tous les travailleurs, est désormais devenue «un processus individualisé et en évolution» (Hardy, 2006, p. 205).

La phase d'adaptation

En toute logique, l'adaptation à la retraite est plus facile quand le travailleur la prend au moment qui lui convient. Selon une étude de Statistique Canada, c'est présentement le cas une fois sur deux, et ceci, autant pour les hommes (50%) que pour les femmes (53%). Quant à la retraite involontaire, elle est le fait d'un travailleur sur cinq, encore ici dans la même proportion pour les hommes (22%) et les femmes (20%).

Dans cette étude, les autres participants n'avaient toujours pas pris leur retraite au moment de la fin de la période d'observation, ce qui explique que les chiffres n'arrivent pas à 100% (Deschênes et Stone, 2006, p. 265).

Les premières semaines ou les premiers mois de la retraite sont souvent vécus dans une atmosphère euphorique. Comme l'écolier aux premiers jours de ses vacances, le nouveau retraité se sent libéré de toute contrainte: il n'a plus à se lever tôt, à se plier à un horaire immuable, à affronter les pluies d'automne, les tempêtes d'hiver et les embouteillages, sans compter les irritants propres à son ancien travail.

Comme l'écolier au seuil des *grandes vacances* aussi, il veut tout faire et tout essayer: sorties, voyages, nouveaux passe-temps, retrouvailles avec des camarades perdus de vue et même, comble d'euphorie pour les hommes qui s'étaient peu impliqués jusqu'alors, nouveau partage des tâches domestiques...

Cette phase d'euphorie a évidemment plus de chances de se produire dans les cas où on n'a pas été forcé de se retirer, soit par son employeur, soit par une détérioration de son état de santé ou de celui de son conjoint. Et cette période d'euphorie a plus de chances de se prolonger lorsqu'on est en santé et financièrement à l'aise et qu'on a développé par le passé des intérêts et des activités en dehors de son travail.

La retraite d'un travailleur pouvait autrefois s'avérer problématique pour la conjointe qui était femme au foyer. Une vieille étude s'intitulait d'ailleurs humoristiquement: «Qu'est-ce que je fais avec lui vingt-quatre heures par jour?» (Keating et Cole, 1980).

Mais de nos jours, les deux conjoints sont d'habitude sur le marché du travail et ils aspirent à prendre leur retraite au même moment et à la goûter ensemble. La retraite peut aussi donner lieu à des conflits, mais il s'agit d'habitude dans ces cas de la résurgence de vieux conflits de couple.

En revanche, les personnes qui sont seules pour vivre leur retraite ont la tâche plus difficile au plan financier, qu'il s'agisse de personnes qui ne se sont jamais mariées, qui sont divorcées et non remariées ou de veufs et surtout de veuves, ces personnes formant le bassin où l'on retrouve la plus forte proportion de personnes vivant sous le seuil de pauvreté (O'Rand, 2002, p. 1205).

Profils de retraite

Sauf exception, la période de lune de miel ne se prolonge pas indéfiniment, et les nouveaux retraités en viennent à atteindre une organisation stable de leur vie, que ce soit à la suite d'ajustements mineurs ou de réorientations plus laborieuses.

Même chez des sujets en bonne santé et disposant de ressources personnelles enviables, cette nouvelle organisation de vie peut demander beaucoup de temps, jusqu'à quelques années dans certains cas. La retraite représente en effet une transition majeure pour laquelle on dispose de peu de points de repère culturels (Wrosch, 2002, p. 342 et Ekerdt, 2002, p. 1219).

À partir d'un échantillon de 48 femmes et 46 hommes, Hanson et Wapner (1994, p. 191-192) ont distingué quatre profils de retraite, qu'ils caractérisent ainsi:

1. <u>Transition vers la vieillesse</u>. Les membres de ce profil perçoivent la retraite comme un temps pour ralentir, se reposer, goûter tranquillement la vie et réfléchir sur leur parcours.

2. <u>Nouveau départ</u>. La retraite est ici vécue comme l'occasion de s'investir avec énergie dans des nouveaux projets ou de réaliser des aspirations longtemps demeurées en veilleuse.

3. <u>Continuité</u>. Pour les individus de ce groupe, la vie continue comme avant, avec les mêmes relations et les mêmes activités, mais à un rythme moins essoufflant et plus satisfaisant.

4. <u>Sentiment de perte</u>. Un dernier groupe de sujets ressentent toutefois la retraite comme une perte et ne réussissent pas à se refaire une nouvelle vie.

Les participants de la recherche étaient invités à se situer eux-mêmes dans l'une ou l'autre de ces catégories, et ils étaient aussi soumis à différentes mesures. Dans plus de 80% des cas, leur auto-évaluation correspondait à la façon dont leurs réponses permettaient à des juges extérieurs de les classer dans la typologie, ce qui a donné la distribution suivante (les chiffres sont arrondis):

Transition vers la vieillesse: 10% des sujets;
Nouveau départ: 25% des sujets;
Continuité: plus de 40%;
Sentiment de perte: 15%.

Cette dernière catégorie attire notre attention sur le fait que l'adaptation à la retraite ne va pas sans certaines réactions de deuil, dans la mesure où le nouveau retraité percevait son milieu de travail comme stimulant et nourrissant. Plusieurs théories que nous avons examinées jusqu'ici nous aident à comprendre ce phénomène, qu'il s'agisse de la théorie de l'activité avec les concepts de rôles, du stade de la générativité dans le modèle d'Erikson («besoin de se donner, de sentir qu'on sert à quelque chose»), du réseau de soutien, des composantes du concept de soi et de l'estime de soi…

C'est une partie d'eux-mêmes que les retraités laissent derrière eux, et leurs réactions de deuil seront diverses. Lorsque les contraintes du travail étaient devenues lourdes, le détachement affectif par rapport à l'emploi aura souvent été complété avant même la retraite. Dans d'autres cas, le travailleur pourra se sentir ému aux larmes, que ce soit en remplissant les formalités qui feront de lui un retraité, lors de la cérémonie de son départ, ou par la suite, lorsqu'il se sentira envahi par la nostalgie de l'époque où les défis de sa tâche lui permettaient de donner le meilleur de lui-même.

Dans bien des cas, ce deuil se prolonge indéfiniment sous une forme discrète, et le regard de bien des vieux retraités s'allume lorsqu'ils nous racontent les plaisirs qu'ils éprouvaient au temps où ils étaient pleinement engagés dans leur travail.

Les profils distingués ci-haut nous rappellent également un phénomène que nous avons souligné à plusieurs reprises dans les chapitres précédents, à savoir qu'il y a plusieurs façons de bien vieillir, et donc plusieurs façons aussi de négocier le grand tournant de la retraite.

Enfin, ces profils nous montrent que l'adaptation à la retraite passe par une augmentation sensible du temps consacré aux loisirs. Selon Statistique Canada, les 65 ans et plus des deux sexes consacrent en moyenne à leurs loisirs de une heure et demie à deux heures de plus par jour que les 35-44 ans (Stobert et autres, 2006, p. 12).

Ces chercheurs distinguent entre quatre types de loisirs, soit les loisirs passifs, et les loisirs actifs, qui comprennent les loisirs cognitifs, les loisirs sociaux et les loisirs physiques.

> «Les loisirs **passifs** comprennent des activités comme l'écoute de la télévision et de la radio et les promenades en voiture. Lire des livres ou des journaux, faire des activités éducatives, assister à des spectacles, avoir des passe-temps, jouer aux cartes, utiliser un ordinateur ou surfer sur Internet font partie des loisirs **cognitifs**. Les loisirs **sociaux** comprennent le fait de rencontrer des amis et des parents ainsi que de parler au téléphone. Enfin, les loisirs **physiques** comprennent toutes les activités récréatives physiques.» (Stobert et autres, 2006, p. 12)

Selon cette étude, les hommes et les femmes s'adonnent aux quatre types, mais ces dernières consacrent plus de temps que les hommes aux loisirs sociaux et cognitifs. À l'inverse, les hommes déclarent un plus grand nombre d'heures investies dans des loisirs physiques.

<u>La sortie finale du statut de retraité</u>

Le statut social de retraité implique que l'intéressé assume sa subsistance sans dépendre physiquement ou financièrement de son entourage. Il peut donc quitter ce statut en acquérant celui de personne en perte d'autonomie, ou encore celui de résident d'un centre d'hébergement.

Perspectives d'avenir

Jusqu'aux dernières décennies, l'accroissement de la prospérité générale et la négociation de fonds de retraite généreux ont concouru à abaisser substantiellement l'âge de la retraite. Différents facteurs pourraient bien inverser cette courbe, dont les bouleversements démographiques, l'allongement significatif de l'espérance de vie en bonne santé, ainsi que la mondialisation de l'économie qui entraîne des ajustements à la baisse dans les fonds de retraite des travailleurs d'ici (Cahill et autres, 2006, p. 515).

Ceci pourrait bien signifier la fin de la longue *retraite dorée à cinquante-cinq ans* que la publicité nous fait encore miroiter. Mais quelle qu'en soit la forme, il y a fort à parier que la retraite demeurera bien inscrite dans le cycle de vie des citoyens des sociétés occidentales, entre la période active où les forces vives sont investies dans un travail rémunéré, et la période de la grande vieillesse où les déclins deviennent plus marqués. Quelque chose comme un été des Indiens qui se prolongerait sensiblement...

Enjeux du passage à la retraite

On a vu que c'est lors de la période qui précède la retraite que les travailleurs sont le plus susceptibles de subir du stress. Les cours de préparation à la retraite devraient prendre ce phénomène en compte. On devrait informer les candidats de l'existence de ce stress et les inviter à échanger entre eux sur leurs ambivalences et leurs appréhensions, et ceci, non pas une seule fois en quelques minutes, mais à quelques reprises sur une période de plusieurs mois, et si possible en présence de leur conjoint. Et pour les aider à dédramatiser leurs appréhensions, pourquoi ne pas inviter une fois ou l'autre quelques-uns de leurs anciens collègues déjà retraités qui viendraient échanger avec eux sur leur propre parcours?

Par ailleurs, une fois retraités, les sujets auraient avantage à se regrouper pour échanger périodiquement sur leurs difficultés et leurs progrès dans leur adaptation à la retraite. Beaucoup le font déjà lors de petits-déjeuners ou de dîners rituels au restaurant. Ces rencontres ne doivent pas se limiter à des contacts superficiels entre *joyeux retraités*, mais devenir des occasions d'échange de confidences et de soutien, dans la ligne de ce que nous avons vu au chapitre huit sur les réseaux.

Enfin, on a vu plus haut, dans les profils d'adaptation, que certaines personnes profitaient de leur retraite pour réfléchir sur leur parcours de vie. Il s'agit là d'une tâche développementale propre à cette période de la vie, lors de laquelle les différents accidents de parcours vont tendre à remonter à la surface pour être conscientisés et mieux intégrés. Il y a là un enjeu important pour le mieux-être des retraités, et ce sera l'objet de notre prochain chapitre.

Chapitre 11

REVOIR SA VIE

DYNAMIQUE DE LA RELECTURE DE VIE ET
ACCOMPAGNEMENT

> «*Au moment de partir, ce qui compte
> c'est d'être en paix
> et de n'avoir mal nulle part.*»
> -Gustave, un mois avant sa mort

> **Ce chapitre nous présente la relecture de vie comme une tâche majeure à la vieillesse. Nous examinerons les étapes de toute relecture, puis les sortes de relectures dans lesquelles les personnes âgées sont susceptibles de s'engager. Après avoir jeté un coup d'œil à l'impact de la relecture sur la trajectoire du vieillissement, nous terminerons en examinant quelques points de repère destinés à faciliter la relecture d'une personne âgée.**

Un grand théoricien du développement estime que la tâche centrale de la vieillesse consiste à accepter sa vie telle qu'elle a été, ce qu'on peut faire «en réévaluant son expérience passée dans une perspective d'ensemble» (Erikson, 1968, p. 139 et Erikson et autres, 1986, p. 129).

Nous avons vu au chapitre 7 que notre passé fait partie intégrante de notre concept de soi. «Notre identité repose sur le grand réservoir de nos souvenirs» (Birren et Schroots, 2006, p. 488), et cette identité va prendre peu à peu la forme d'un récit que nous allons construire pour organiser la multitude d'événements épars qui ont constitué jusqu'ici la trame de notre parcours, de manière à leur donner sens et cohérence (Polkinghorne, 1988, chap. 2, 5 et 6; Kenyon et autres, 2001).

Nous serons ainsi amenés à passer en revue chaque étape de notre existence, de l'enfance à la vieillesse, en nous arrêtant autant aux périodes difficiles qu'aux épisodes qui font encore problème.

La relecture de vie est un processus d'assimilation à la fois naturel et spontané, aussi bien solitaire que social. Ce processus survient à tout âge, dès qu'une expérience nous met en déséquilibre, provoquant en nous le besoin de *revenir sur la scène*. Mais à la vieillesse, le besoin de revoir notre vie nous sollicite davantage, et la relecture tend à devenir plus systématique et plus englobante.

La définition de la relecture de vie (*life review*) que le psychiatre américain Robert Butler a formulée en 1961, suite à des recherches menées en 1955-56 auprès de personnes âgées en santé, est devenue depuis lors un incontournable:

> «La relecture de vie consiste dans le retour progressif à la conscience de souvenirs et de conflits non résolus, en vue de leur réévaluation et de leur résolution. Il s'agit là d'une tâche développementale à la vieillesse, d'un processus privé qui varie selon les gens, que l'on tient pour universel, et qui se déroule même si l'intéressé peut ne pas en être tout à fait conscient.» (Butler, 2002, p. 790)

Une tâche majeure

La relecture répond à différents besoins. Besoin de sens, de cohérence: nous avons besoin de *mettre notre vie en ordre*, de comprendre ce qui nous est arrivé et pourquoi nous avons réagi comme nous l'avons fait.

Besoin de réconciliation: nous avons besoin d'en arriver à la conclusion que nous sommes quelqu'un de bien, que malgré nos erreurs et le tort que nous avons pu causer aux autres, nous avons dans l'ensemble fait notre possible avec ce que nous étions et ce que nous savions à l'époque.

Besoin de consolider notre identité. La relecture nous permet d'en arriver à la conclusion que nous sommes le seul ou la seule au monde à avoir eu la famille que nous avons eue, le conjoint que nous avons épousé, les enfants que nous avons élevés, le métier ou les occupations que nous avons exercées, les maladies et les imprévus avec lesquels nous avons dû composer...

À ces besoins fondamentaux peuvent s'ajouter un besoin spirituel (besoin de réfléchir sur la place que l'on occupe dans le cosmos et sur l'après vie) ainsi qu'un besoin relationnel (besoin de se rapprocher des êtres qui ont été précieux pour nous à une étape ou l'autre de notre cheminement).

Autant de formulations qui montrent bien comment la relecture de sa vie se présente comme une tâche développementale majeure à la vieillesse.

Quatre étapes dans une relecture

À partir des travaux de Merriam (1989) et de l'analyse de quelques centaines d'entrevues menées par nos étudiants, nous avons distingué quatre étapes dans une relecture (Hétu, 1994, p. 84-88 et 2000, p. 41-50).

L'amorce

Une foule d'événements peuvent déclencher une relecture, comme le décès d'un proche ou le mariage d'un petit-enfant. La question suivante réussit presque à tout coup: «J'aimerais que vous me partagiez un souvenir important pour vous, si cela vous convient.»

L'immersion

Une fois que la personne réagit à l'amorce, elle laisse son passé remonter. Elle revoit des scènes et se remémore les émotions qu'elle a éprouvées alors, et elle ressent souvent le besoin de raconter ces épisodes dans le détail.

La réaction

L'évocation du passé amène normalement le sujet à réagir affectivement à ces souvenirs, par la peine, la colère, la honte ou la culpabilité, ou autrement. Ces émotions seront d'intensité variable, selon le type de souvenir en cause et dépendamment aussi du fait que ce souvenir soit évoqué pour la première fois ou qu'il ait déjà fait l'objet de plusieurs relectures, auquel cas il aura perdu un peu de sa charge affective.

À l'étape de l'immersion, la personne disait: «Voici ce que j'ai vécu et comment j'ai réagi à l'époque». À l'étape de la réaction, elle dit d'une façon plus ou moins consciente: «Voici comment je me sens, ici et maintenant, de me remémorer tout cela».

L'étape de la réaction ne se limite pas aux émotions éprouvées présentement face aux épisodes passés, mais elle englobe aussi le sens qui leur est attribué. La question n'est pas seulement: «Comment je me sens?», mais aussi: «Comment je vois ça aujourd'hui?»

L'intégration

L'étape finale est l'intégration. À ce stade, le corps à corps avec son passé parvient à sa résolution. Ayant recadré les épisodes problématiques de sa vie, on est en mesure de comprendre qu'on a fait ce qu'on a pu avec ce que l'on était, et que même dans leurs comportements blessants, les proches ont fait de même.

Les recadrages tendent ainsi à devenir englobants, et on recourt à des expressions comme: «Tout compte fait», «Dans l'ensemble», «Au fond», «Malgré tout», «Finalement». Ces formules témoignent du fait qu'on a fait le tour de son histoire, qu'on a situé les erreurs et les épreuves par rapport aux réussites et aux cadeaux de la vie, et qu'on est en train de tirer une conclusion globale.

À l'étape de l'intégration, on achève de se réconcilier avec soi-même et avec sa vie (et donc avec *la* vie). Bref, on accède à la sérénité, une sérénité qui est toutefois compatible avec un certain niveau de tristesse, de regrets, de culpabilité ou de crainte face à la mort, par exemple.

Sept sortes de relectures

Jetons maintenant un coup d'œil aux différentes sortes de relecture que nous en sommes venu à distinguer en analysant les entrevues menées par nos étudiants.

1. <u>La relecture en train de s'amorcer</u>

Dans cette relecture, le sujet évoque un épisode isolé sans explorer son contexte, ou il butine d'un souvenir à l'autre, ou encore, il éprouve un sentiment qu'il ne parvient pas à relier à sa source. Par exemple, il se demande pourquoi il lui arrive maintenant de pleurer en entendant chanter le *Minuit, chrétiens*, ou pourquoi il en veut ces temps-ci à sa mère qui est décédée il y a trente ans.

2. <u>La relecture en cours</u>

Ici, on s'est résolument engagé dans l'exploration de son passé. On se trouve soit à l'étape de l'immersion, soit à l'étape de la réaction, soit dans un va-et-vient entre ces deux étapes.

3. <u>La relecture de consolidation</u>

La relecture de consolidation est constituée d'une amorce brève, d'une immersion non problématique, et d'un va-et-vient entre l'étape de la réaction et celle de l'intégration. La relecture en cours est un corps à corps avec son passé, tandis que dans la relecture de consolidation, la victoire de la sérénité est acquise, mais il reste encore des poches de résistance à nettoyer: un reste de honte ou de culpabilité, de colère ou de rancune, de tristesse ou de regrets...

4. <u>La relecture défensive</u>

On peut ressentir le besoin de revenir sur son passé mais hésiter à s'investir dans la démarche. Dans toute relecture, on se montre défensif par moments. Mais il y a des relectures où l'aspect défensif domine.

Ces relectures requièrent de la part de l'accompagnateur de la patience et de l'empathie, qui nous aidera à comprendre que si nous portions des blessures semblables, nous nous protégerions de la même façon. D'habitude, le sujet travaille fort pour s'approcher des choses qu'il tente par ailleurs d'éviter. Malgré ses détours et ses hésitations, il fait donc preuve de courage.

5. <u>La relecture bloquée</u>

La relecture peut bloquer de deux façons. La plus facile à identifier se présente sous la forme de verbalisations obsessionnelles accompagnées d'un sentiment d'impuissance et de désespoir. La personne revient sans cesse sur des épisodes comme un deuil, un divorce, un échec, mais sans que l'on puisse noter de progression d'une fois à l'autre.

La deuxième forme de relecture bloquée consiste à éviter toute référence au passé, le sujet disant par exemple avec fermeté que «le passé, c'est le passé», et qu'il faut «vivre dans le présent».

En présence d'une relecture bloquée, l'intervention la plus indiquée consiste à motiver la personne à demander l'aide d'un thérapeute et à lui faciliter l'accès à ce type de ressource.

6. <u>La relecture plafonnée</u>

Bien des années après la perte, certains endeuillés ont reconquis une bonne qualité de vie et un bon niveau de fonctionnement, mais ils garderont à jamais l'empreinte d'une certaine tristesse et d'une certaine vulnérabilité.

Il en va de même dans la relecture plafonnée, qui est une relecture terminée. La personne a traversé les quatre étapes de la démarche, mais son intégration n'est que partielle, et certains regrets continuent à cohabiter avec les nombreux motifs de satisfaction. Ces relectures contiennent souvent les thèmes ou les épisodes suivants, qui demeurent partiellement non résolus:

-une agression sexuelle ou le décès d'un proche en bas âge;
-un handicap sérieux ou un mauvais état de santé;
-une insatisfaction chronique face au conjoint ou un divorce pénible;
-certains échecs ou certains problèmes des enfants adultes.

On doit considérer la relecture plafonnée comme une relecture terminée dans la mesure où le sujet a fait de son mieux pour intégrer cet épisode problématique. Dans d'autres cas, toutefois, une intervention délicate permettra de l'amener à réamorcer sa relecture pour la mener plus loin.

7. <u>La relecture terminée</u>

Certaines personnes ont fait la paix avec leur passé, ce qui leur permet d'utiliser toutes leurs énergies pour relever les défis de leur quotidien et pour vivre sereinement les désengagements reliés au fait qu'elles s'approchent du terme de leur vie.

Lorsqu'elles s'expriment sur leur passé, ces personnes le font avec le détachement qui vient avec la sagesse. Le récit qu'elles peuvent faire de leur vie est empreint d'acceptation ou de gratitude. C'est pourquoi le rôle du confident est réduit au minimum. Comme en présence d'un beau tableau, il y a peu à faire, sinon admirer la beauté souvent touchante de ce mélange d'ombres et de lumières, de souffrances et de joies qui forment la trame de toute vie.

<u>Un échantillon</u>

L'analyse d'un échantillon de 63 relectures de personnes âgées recueillies par nos étudiants dans différentes régions du Québec a donné la répartition suivante:

-relectures en cours: 32% des sujets;
-relectures de consolidation: 41%;
-relectures terminées: 11%;
-relectures défensives: 13%;
-relectures bloquées: 3%.

Cet échantillon était constitué de personnes vivant à domicile ou hébergées en établissement. Mais comme il était non contrôlé, on ignore s'il est représentatif. (Il se peut par exemple qu'un certain nombre de sujets aux prises avec une relecture bloquée aient refusé de répondre à la demande.) Ces chiffres nous permettent quand même de faire les hypothèses suivantes à propos des personnes engagées dans leur relecture:

-3 personnes âgées sur 4 seraient activement engagées dans leur démarche (ce sont les sujets des relectures en cours et des relectures de consolidation);

-1 personne sur 2 serait en paix avec son passé (ce sont les sujets des relectures terminées et des relectures de consolidation);

-1 personne sur 6 se trouverait aux prises avec un passé pénible (soit les sujets des relectures défensives et des relectures bloquées).

Parmi les personnes engagées dans une relecture, plus de huit sur dix auraient donc besoin d'être accueillies et accompagnées (soit le 86% constitué par les sujets des relectures en cours, de consolidation et défensives), tandis qu'une sur six serait en difficulté et aurait besoin d'une aide soutenue (relectures défensives), voire d'une ressource thérapeutique (relectures bloquées). Ce besoin d'être écouté serait confirmé par de nombreux intervenants.

Une tâche développementale ?

Si elle représente une tâche développementale, on devrait s'attendre à retrouver des traces de relecture chez la majorité des personnes âgées. Qu'en est-il dans les faits? Une revue de la recherche sur la question mène à la conclusion suivante:

> «Même si dans chacune de ces études, une proportion importante des personnes âgées disaient avoir revu leur vie, un nombre égal, voire supérieur, semblaient avoir atteint des niveaux élevés de satisfaction face à la vie et d'acceptation de soi sans manifester de signes de relecture de vie.» (Wink et Schiff, 2002, p. 45)

À la limite, considérer la relecture de vie comme une tâche développementale à la vieillesse, comme le font Erikson et beaucoup de ses adeptes, pourrait relever davantage du stéréotype que de la réalité: on prendrait plaisir à se représenter tout sujet âgé sous les traits d'un sage qui serait totalement réconcilié avec son parcours de vie et prêt à faire paisiblement face à la mort.

De fait, le tableau est plus nuancé. Par exemple, Webster (1997) a développé un instrument de mesure qu'il a utilisé auprès d'un échantillon de 710 répondants dans le but de repérer les différentes fonctions des réminiscences (c'est-à-dire des souvenirs), ce qui lui a permis d'en identifier huit. Or, parmi ces fonctions ou objectifs poursuivis, la majorité n'ont pas de rapport avec la relecture de vie, comme les suivantes: réduire l'ennui en s'occupant à quelque chose; solutionner un problème (en se rappelant comment on a procédé la dernière fois); entretenir la conversation; et enseigner/informer.

Seules les trois fonctions suivantes peuvent être associées directement à la démarche de relecture, soit les souvenirs reliés à l'identité personnelle, ceux reliés à la préparation à la mort, et ceux associés à l'émergence de regrets en relation avec des expériences négatives.

Quant à la dernière fonction, entretenir l'intimité avec un proche en nous rappelant l'importance de notre relation avec lui, on pourrait la considérer comme mitoyenne entre les fonctions qui sont reliées à la relecture et celles qui ne le sont pas.

Lorsqu'on entreprend d'évaluer la fréquence de la relecture et surtout son impact sur le bien-être, il faut tenir compte de cette diversité des fonctions des réminiscences, de manière à bien distinguer entre les véritables démarches de relecture et la simple utilisation des souvenirs dans des buts variés. Autrement, il ne serait pas surprenant de ne pas trouver de corrélation entre la simple évocation de souvenirs et le bien-être psychologique ou la satisfaction face à la vie.

Pour l'instant, nous continuons à considérer la relecture comme une tâche développementale, pour les raisons théoriques, cliniques et empiriques que nous avons évoquées plus haut, ainsi que pour celles que nous verrons dans la section suivante.

Impact sur le vieillissement

On peut relier la relecture de vie à la majorité des thèmes abordés dans le présent volume. Certains l'ont associée à la théorie de l'activité via la «participation à des activités cognitives stimulantes» propres à retarder l'apparition des démences (Wilson et autres, 2002). On pense aussi à la théorie du désengagement, selon laquelle les personnes âgées deviennent davantage préoccupées par leurs états intérieurs. On pense bien sûr à la théorie du cycle de vie et des tâches développementales, au phénomène du concept de soi et de l'estime de soi qui se réorganisent sans cesse au fil de la vie…

Nous verrons aussi au chapitre 15 que la relecture de sa vie est une des tâches du mourant et également une tâche de l'endeuillé. Enfin, le chapitre 16 permettra aux personnes qui relisent leur vie de situer leur parcours dans les perspectives plus larges de leur vision du monde, la démarche de relecture devenant alors une composante de la maturation spirituelle.

C'est probablement avec la théorie de la continuité que le lien est le plus étroit. Certains auteurs ont contesté le fait que Butler réserve la relecture de vie à la vieillesse (Hétu, 1994, p. 67-68; Haber, 2006, p. 155), et dans un même ordre d'idées, on a remis en question le fait qu'Erikson situait les enjeux d'intégrité exclusivement à la vieillesse lui aussi. Par exemple, suite à une recherche auprès de religieuses âgées, Melia (1999) et après elle, Haber (2006, p. 159), soutiennent à bon droit que cet enjeu refait périodiquement surface tout au long de la vie adulte, à chaque fois que survient une perte, un deuil, une maladie ou une transition importante. Revoyons ce que l'on disait au chapitre 4:

> Pour faire face aux discontinuités dans leur vie (maladie, veuvage, déménagements, pertes d'autonomie, etc.), les personnes âgées vont s'appuyer sur leur système très solide d'idées et de croyances, d'attitudes

> et de valeurs. Et c'est ce système qui leur offre un cadre de référence et un répertoire de stratégies qui vont leur permettre de composer avec les changements sans connaître de crises majeures.

Un auteur fait précisément le lien entre la relecture de vie et cette approche de la théorie de la continuité:

> «Les gens façonnent leurs histoires de vie à mesure qu'ils vieillissent, et ces histoires incorporent les événements passés dans des séquences organisées, ce qui leur procure le sentiment que leur vie a du sens et qu'elle est empreinte de continuité.» (Parker, 1995)

Relecture de vie, sentiment de continuité et adaptation aux aléas de la vie semblent donc des phénomènes passablement imbriqués.

Enfin, de nombreux cliniciens utilisent la relecture de vie avec des clientèles variées de personnes âgées, qu'il s'agisse de personnes en crise, de sujets déprimés ou atteints de démence à des degrés divers (Kunz, 2002; Nomura, 2002; Vézina et autres, 2007, p. 185). Cappeliez (2002, p. 307) rapporte pour sa part une amélioration cliniquement significative pour 58% des sujets âgés déprimés qui étaient hospitalisés ou en établissements de soins de longue durée et que l'on invitait à verbaliser sur leur passé.

Nous en conclurons que la relecture de vie recèle de grandes possibilités, aussi bien auprès des personnes âgées en santé qu'auprès de celles qui sont aux prises avec des problèmes de santé mentale.

Faciliter la relecture

De nombreuses personnes âgées tentent d'amorcer leur démarche de relecture en notre présence, comme cet homme qui disait à son infirmière qu'il «n'avait pas toujours été un ange». Suite à une étude qualitative auprès d'une douzaine d'hommes et de femmes âgées, des chercheurs concluent ceci:

> «Les patients âgées veulent s'exprimer, raconter leur histoire de vie, et les soignants devraient prendre davantage le temps de se mettre à leur écoute. (…) Les patients (de notre étude) désiraient qu'on les écoute parler de leurs expériences de vie, qu'on leur donne la chance de faire un retour sur leur vie…» (Randers et autres, 2003, p. 304)

Il faut être aux aguets pour saisir la balle au bond et encourager la personne à parler. À d'autres moments, nous pourrons prendre nous-mêmes l'initiative en invitant délicatement la personne à nous dire d'où elle vient, à nous parler du métier de son père puis des principales qualités de ses parents, etc.

Lorsque la relecture est amorcée, il ne faut pas hésiter à demander des précisions factuelles: «Quel âge aviez-vous à ce moment? Votre père, c'était quel genre de personne? Comment avez-vous rencontré votre mari?»…

Lorsqu'on sent que la personne a suffisamment verbalisé sur son passé (étape de l'immersion), on peut l'aider à passer à l'étape de la réaction, et donc explorer comment elle se sent ici et maintenant, comment elle voit cet épisode avec ses yeux d'aujourd'hui. «Qu'est-ce que ça vous fait aujourd'hui de repenser à cette période-là? Comment vous voyez ça aujourd'hui?»…

La dernière étape est celle de la conclusion ou de l'intégration. La personne éprouve le besoin de tout ramasser sa vie dans une réflexion. Cette étape fait la différence entre les relectures terminées et réussies et celles qui sont encore en cours. On peut alors y aller d'une question synthèse comme: «Qu'est-ce que vous retenez de tout cela?»

Ce schéma n'est pas rigide. Bien des personnes qui ont franchi les quatre étapes éprouveront le besoin de reparler des mêmes événements, comme pour consolider leur victoire de la sérénité sur le regret, la colère ou la culpabilité. Une femme écrivait ainsi: «Beaucoup de souvenirs refont surface. Se réveillent de vieilles blessures que je croyais enfin cicatrisées.» La relecture est un long processus de guérison, et les blessures devront souvent être repensées à plusieurs reprises pour se trouver progressivement pansées.

Les personnes habituées à faire de l'écoute réussissent d'habitude à faciliter la relecture de vie, mais pas toujours. Nous avons souvent vu des agents de pastorale, des infirmières ou préposées, et même des travailleuses sociales ou des psychologues, prendre conscience qu'ils avaient souvent commis des erreurs parce qu'ils n'avaient pas eu l'occasion de vraiment réfléchir au phénomène de la relecture de vie.

L'erreur la plus fréquente consiste simplement à ignorer le besoin ou la demande de la personne qui est engagée dans sa relecture et à ne pas l'écouter d'une façon active. Une autre erreur consiste au contraire à insister pour la faire parler sur des points douloureux dont elle a encore besoin de se protéger.

Qui peut agir pour faciliter une relecture?

Toute personne animée d'empathie et capable d'écouter avec respect peut accompagner un aîné dans sa relecture. Nous avons vu des enfants adultes qui n'avaient pas de formation en relation d'aide faire de magnifiques accompagnements de leur parent âgé. Outre ces dispositions de base, la pertinence des interventions de l'accompagnateur dépendra de ses habiletés d'aidant et aussi de sa connaissance du phénomène de la relecture. On trouvera dans notre volume *Bilan de vie* de nombreux points de repère à cet effet.

On a trouvé que le personnel soignant qui accompagnait des résidents âgés dans leur relecture avait par la suite des perceptions plus favorables à l'endroit des personnes âgées (Haber, 2006, p. 163-164). Voilà assurément une retombée additionnelle.

(Pour des questions destinées à servir d'amorces aux personnes intéressées à entreprendre une démarche de relecture, on peut se reporter à Birren et Cochran, 2001 ou à Hétu, 2000, p. 101-109.)

Chapitre 12

FAIRE FACE AUX DÉCLINS SENSORIELS ET COGNITIFS

PROBLÉMATIQUE ET ENJEUX

> *«Je n'ai plus la même confiance en mes capacités intellectuelles.»*
> -Donald, un retraité

Dans ce chapitre, nous aborderons les déclins sensoriels et nous examinerons des points de repère destinés à faciliter nos contacts avec des personnes aux prises avec des déclins importants au plan de l'ouïe ou de la vue. Nous nous pencherons par la suite sur le phénomène du déclin de l'intelligence et sur les facteurs susceptibles de le prévenir, après quoi nous aborderons la question du déclin de la mémoire, suivie de conseils destinés à aider à y faire face. Un bilan d'ensemble nous permettra de nuancer le tableau.

Un psychologue à la retraite explique comme suit la diminution de son intérêt pour ses travaux.

«J'y ai fait allusion comme s'il s'agissait d'un changement de motivation, mais je me rends compte maintenant que le véritable changement réside dans mon inaptitude croissante à penser. Je n'ai plus la même confiance arrogante en mes capacités intellectuelles. Les vieillards se ridiculisent en continuant sur leur lancée sans se rendre compte que leurs facultés les ont abandonnés depuis longtemps.» (Hebb, 1979, p. 23)

La connaissance ou la conscience repose sur trois processus de base: la perception sensorielle de ce qui se passe autour de nous et en nous, la compréhension de ce qui se passe (ce qui fait appel à l'intelligence), et la conservation de ce qui est perçu et compris, et donc la mémoire. Dans les pages qui suivent, nous examinerons la façon dont le vieillissement affecte ces trois processus, et nous essaierons de voir si Monsieur Hebb se perçoit lucidement ou s'il pêche par pessimisme.

Les déclins sensoriels

La perception enregistre les différentes catégories de stimuli: visuels (couleurs, formes et mouvements), auditifs (sons et paroles), tactiles (température et autres caractéristiques de l'air, de l'eau ou des autres corps entrant en contact avec la peau), olfactifs (odeurs), et stimuli issus du contact de la nourriture avec les papilles gustatives (goûter).

Or, la perception sensorielle décline d'une façon plus ou moins marquée avec l'âge, les seuils de perception devenant plus élevés: un objet doit être plus proche pour qu'on le voie, un bruit doit être plus intense pour qu'on l'entende, un aliment doit être plus salé ou plus sucré pour qu'on le goûte, etc.

C'est l'ouïe qui se trouve la plus affectée, surtout à partir de 60 ans, de sorte qu'à 70 ans, les trois-quarts des gens ont de la difficulté à bien entendre. Détail curieux: les hommes sont plus affectés que les femmes. Ceci pourrait s'expliquer par les niveaux élevés de bruit dans beaucoup de milieux de travail, ce qui aurait touché les hommes davantage que les femmes des générations passées. Mais les raisons de cette différence pourraient être physiologiques plutôt qu'environnementales.

Le sens de l'équilibre n'échappe pas à la règle: les personnes âgées sont sujettes au vertige et ont plus de difficulté à retrouver leur équilibre après avoir buté contre un obstacle, d'où un risque accru de chutes et de blessures. Ce déclin est attribuable aux facteurs suivants: changements dans les cellules de l'oreille interne et dans les cellules sensorielles des muscles (qui nous renseignent sur la position de notre corps), diminution de la force musculaire, et probablement aussi changements dans le système nerveux central (Verrillo et Verrillo, 1985, p. 26; pour une synthèse, voir Schieber, 1992).

Impact de ces déclins

Ces pertes peuvent affecter les sujets âgés à différents niveaux: baisse de la satisfaction face à la vie, de la qualité de vie (Dalton et autres, 2003, p. 667), de la motivation à apprendre, désengagement des relations interpersonnelles, et enjeux de sécurité, notamment à cause de l'affaiblissement de la vision, de l'ouïe et de l'équilibre.

Parce qu'ils entraînent une perte d'autonomie significative, les déclins sévères au plan de la vision et de l'ouïe doivent être considérés comme une maladie chronique. Ils comportent un risque de dépression même lorsque ces pertes sont de légères à modérées, et ce risque peut même s'étendre aux proches de la personne atteinte (Horowitz, 2003, p. 36).

Suite à une étude longitudinale portant sur plus de trois mille sujets des deux sexes, une équipe néerlandaise est arrivée aux conclusions suivantes:

> «Les problèmes d'audition semblent affecter grandement la santé psychosociale des personnes âgées. Les sujets aux prises avec de tels problèmes ont sensiblement plus de symptômes dépressifs, des scores inférieurs au plan de la maîtrise et de l'efficacité personnelle, davantage de sentiments de solitude, et de plus petits réseaux de soutien.» (Kramer et autres, 2002, p. 132)

Les prothèses visuelles et auditives de même qu'un bon éclairage peuvent compenser une partie de la baisse d'efficacité de la vue et de l'ouïe. Les lunettes ne peuvent cependant compenser la diminution de la vision périphérique ou la baisse de l'adaptation à la vision nocturne, deux phénomènes qui ont un impact direct sur la conduite automobile. Quant aux prothèses auditives, beaucoup de gens les trouvent inconfortables, du fait qu'elles amplifient les bruits ambiants autant que les conversations comme telles.

Les malentendants

Voici quelques conseils à l'intention des proches des malentendants.

1. Parlez légèrement plus fort que d'habitude, mais à un rythme normal et sans articuler exagérément, ce qui risquerait de déformer vos expressions faciales et les sons eux-mêmes, et de compliquer ainsi la tâche de votre interlocuteur.

2. Placez-vous à une distance d'un mètre ou un mètre cinquante de lui, et faites en sorte qu'il y ait assez de lumière pour qu'il puisse distinguer le mouvement de vos lèvres, vos expressions et vos gestes.

3. Si votre interlocuteur ne vous voit pas, par exemple s'il est dans une autre pièce, ou s'il lit ou regarde la télévision, attirez d'abord son attention avant de lui parler, et ne tentez pas de soutenir une conversation si le niveau sonore ambiant est élevé (par exemple s'il y a un avion ou un véhicule lourd qui passe, ou si un appareil électrique bruyant est en marche).

4. Ne lui parlez pas dans l'oreille. Ceci le prive de vos indices faciaux, en plus de provoquer de la distorsion dans les signaux sonores.

5. S'il ne semble pas vous comprendre, reformulez votre message autrement plutôt que de répéter les mêmes mots.

6. Disposez les meubles de sorte qu'aucune des personnes présentes ne soit à une distance de plus d'un mètre et demi des autres, et de façon à ce que la figure de chacun soit visible de tous, et faites participer l'intéressé aux discussions qui le concernent, de manière à ne pas augmenter le sentiment de son handicap.

7. Assurez-vous que les avertisseurs d'incendie, détecteurs de fumée et autres avertisseurs sonores soient munis de voyants clignotants. Enfin, rappelez-vous que le traitement antistatique des tapis et le maintien d'un taux d'humidité élevé réduisent les interférences électriques qui nuisent au bon fonctionnement des prothèses auditives.

Lorsque la vue baisse

Quant aux gens dont la vue baisse, le Conseil consultatif national sur le troisième âge (1990), dont nous nous sommes aussi inspirés pour les conseils précédents, recommande d'adopter les comportements suivants:

1. Plusieurs lampes disposées dans toute la pièce permettent une distribution plus uniforme de la lumière qu'une seule ampoule de grande puissante.

2. À l'extérieur, portez un chapeau à larges bords, une visière ou des lunettes soleil que vous pourrez enlever en entrant dans un immeuble.

3. Des rideaux foncés ajourés réduisent l'éblouissement du soleil tout en laissant passer suffisamment de lumière naturelle.

4. Éclairez toujours convenablement les escaliers, dont les rampes doivent dépasser les marches du haut et du bas pour permettre de bien repérer les paliers.

5. Évitez les planchers cirés ou brillants, de même que les meubles dont le pouvoir réfléchissant est élevé, comme les meubles en métal ou en verre.

6. Pour ce qui est de la cuisinière, des *marqueurs d'intensité* en relief constituent le meilleur moyen de reconnaître les positions du bouton. Quant au téléphone, certains modèles sont munis de gros chiffres.

7. Pour éviter de vous frapper contre les portes, laissez-les toujours complètement ouvertes ou complètement fermées.

8. Quand vous entrez dans une pièce avec un ami, demandez-lui de vous dire qui s'y trouve et, si cela vous convient, demandez à être présenté.

En présence d'un aveugle, on donne les conseils suivants:

1. Résistez à l'envie de vous porter à son secours. Comportez-vous normalement. Pour savoir s'il a besoin d'aide, demandez-le lui.

2. Seulement 10% des personnes inscrites à l'Institut national canadien des adultes sont entièrement aveugles. Il n'est donc pas inutile de demander à la personne ce qu'elle voit et ce qu'elle ne voit pas.

3. Adressez-vous à elle sur un ton normal. Identifiez-vous et au moment de vous adresser à elle, appelez-la par son nom ou touchez-lui le bras. Prévenez-la lorsque vous la quittez.

Les déclins cognitifs

Les performances cognitives tendent à décliner avec l'âge, surtout à mesure que la complexité de la tâche augmente. Ce déclin prend la forme d'un ralentissement de pratiquement toutes les fonctions cognitives: raisonnement, capacité d'analyse et de synthèse, solution de problème, prise de décision, et bien sûr, mémoire (Charness, 2000, p. 105). On devient porté à trouver que le médecin donne ses explications trop vite, que la présentatrice des nouvelles parle trop vite, que l'action du film progresse trop rapidement pour que l'on puisse capter et démêler les subtilités des enjeux ou du scénario.

Dans la suite de ce chapitre, nous considérerons comme synonymes les expressions *fonctions cognitives* et *habiletés cognitives*. L'expression *performances cognitives* désignera pour sa part le résultat des épreuves cognitives telles qu'on peut les mesurer par différents tests. Les chercheurs présument normalement que ces performances sont un reflet objectif des fonctions cognitives qu'ils tentent d'évaluer.

Quant au concept d'*intelligence*, il est synonyme d'habiletés cognitives, et lorsqu'on a soumet un sujet à une série d'épreuves standardisées destinées à mesurer ces différentes habiletés, on obtient un score global, appelé *quotient intellectuel*.

On distingue habituellement l'intelligence fluide (raisonnement, solution de problèmes, mémoire) et l'intelligence cristallisée, qui est constituée du vocabulaire et de toutes les connaissances accumulées. Or, la majorité des recherches démontrent que l'intelligence fluide commence à décroître lentement dès le milieu de la vingtaine, tandis que l'intelligence cristallisée se maintient jusqu'à la fin de la soixantaine, pour décroître sensiblement par la suite (Schaie, 2005, p. 418).

L'Américain Warner Schaie a commencé à étudier la mesure de l'intelligence dès le niveau de son bac en psychologie, avec une première publication en 1953. Il n'a pas cessé depuis d'étudier l'évolution de l'intelligence tout au long du cycle de vie (Schaie, 2005, p. 9-10), en puisant dans les données d'une impressionnante recherche longitudinale qui a duré plus de quarante ans (de 1956 à 1998), la Seattle Longitudinal Study. Nous allons recourir abondamment aux conclusions de ses travaux pour éclairer notre propos.

Pour l'essentiel, la performance intellectuelle globale atteint un sommet à la trentaine; elle se maintient sur un plateau jusqu'au début de la vieillesse, pour connaître un déclin accéléré par la suite, du moins pour la moyenne des sujets (Schaie, 2002, p. 717). (Le chercheur et ses collègues utilisaient cinq mesures de l'intelligence, soit la compréhension verbale, l'orientation spatiale, le raisonnement, le calcul arithmétique et la mémoire).

À quoi devons-nous attribuer ce déclin? L'explication la plus souvent avancée porte sur le ralentissement des opérations cognitives avec l'âge (Salthouse, 1996).

«Les différents changements structuraux du cerveau contribuent tous à une réduction dans l'efficacité globale de fonctionnement. (…) Certaines opérations sont omises s'il n'y a pas assez de temps pour les accomplir toutes. De cette restriction résulte, par exemple, un appauvrissement de l'encodage d'un nouveau stimulus, et donc une plus mauvaise performance pour les mesures d'apprentissage, de mémoire et de résolution de problèmes.» (Pushkar et Arbuckle, 2000, p. 13)

Le rythme du déclin est généralement lent durant la soixantaine et les premières années de la décennie suivante, de sorte qu'il exerce peu d'impact sur la vie quotidienne. La situation change toutefois lorsqu'on atteint les quatre-vingts ans (Schaie, 1995, p. 513). Nous y reviendrons dans notre *Bilan d'ensemble*, en fin de chapitre.

Facteurs favorisant le maintien des aptitudes cognitives

Les pertes cognitives n'atteignent pas tout le monde au même rythme. Schaie a observé que seulement le tiers des sujets suivis ont manifesté un déclin constant entre 60 et 67 ans, et que c'était le cas pour seulement 40% des sujets de 67 à 74 ans. Même à 81 ans, environ la moitié des sujets maintenaient leurs habiletés cognitives constantes sur une période de sept ans, tandis que l'autre moitié accusait un déclin.

Voici les facteurs que le chercheur retient comme favorisant le maintien des aptitudes cognitives jusqu'à un âge avancé (Schaie, 2005, p. 421-422).

1. Facteurs génétiques d'abord, certaines personnes bénéficiant d'une constitution psychique plus robuste que d'autres.

2. Le fait d'être exempt de maladies cardio-vasculaires, de diabète, de tumeur cancéreuse ou d'arthrite, et d'avoir dans l'ensemble une bonne santé.

3. Le fait d'être de statut socio-économique moyen ou supérieur, ce qui est associé à un environnement plus sain de même qu'à des activités professionnelles et culturelles plus stimulantes au plan cognitif.

4. Le fait d'avoir un mariage intact, la famille étant le plus important système de soutien.

5. Le fait de s'attribuer à la maturité des attitudes flexibles (sur des questionnaires d'auto évaluation) et d'obtenir des scores supérieurs sur des épreuves objectives mesurant la flexibilité.

6. Enfin, le fait de se sentir satisfait des réalisations accomplies durant sa vie.

Cette énumération repose sur des probabilités statistiques, ce qui laisse de la place pour de nombreuses exceptions.

Intelligence et compétence quotidienne

Y a-t-il lieu de distinguer entre l'intelligence mesurée par des tests et l'intelligence pratique manifestée spontanément dans la vie quotidienne, laquelle ne requiert pas qu'on pousse à la limite ses capacités cognitives comme on le fait lors des épreuves en laboratoire?

Certaines recherches sur la compétence écologique des personnes âgées utilisent des épreuves concrètes comme la compréhension des directives sur un contenant de médicaments, des horaires d'autobus et des cartes routières, ou encore des certificats de garantie.

Mais Schaie et Willis (1999, p. 188-189) et Schaie (2002, p. 721) concluent de leurs recherches que quelle que soit la façon dont on la définit, la compétence quotidienne finit par se faire rattraper par les déclins cognitifs. Par exemple, des personnes qui ont rempli elles-mêmes leur déclaration d'impôt durant toute leur vie adulte en viennent à faire de plus en plus d'erreurs lorsqu'elles atteignent un âge avancé, au point de laisser désormais cette tâche à d'autres.

Les déclins cognitifs sont-ils réversibles?

Schaie et ses collègues ont observé que dans bien des cas, les déclins cognitifs sont davantage attribuables à un manque de pratique qu'à une détérioration des fonctions cognitives comme telle. Ils ont bâti une session de formation de cinq heures qui leur a permis d'améliorer la performance des deux tiers des participants âgés pour les habiletés d'orientation spatiale et de raisonnement (Schaie, 2005, p. 422-423). Et contrairement à plusieurs programmes d'entraînement, ces effets se sont maintenus durant les années subséquentes. Ce secteur de recherche semble donc prometteur.

Nous examinerons maintenant le phénomène de la mémoire, après quoi nous ferons un bilan d'ensemble de la problématique des déclins cognitifs.

Le déclin de la mémoire

«M'a-t-on dit que je dois être à jeun demain pour ma prise de sang? Est-ce bien samedi, l'anniversaire de Paul? Ai-je pris mes médicaments ce matin?» La mémoire joue un rôle constant autant dans le choix de nos comportements immédiats que dans la planification de nos activités. Or, des centaines d'études récentes convergent vers ce fait incontournable: la mémoire décline avec l'âge (Hoyer et Verhaeghen, 2006, p. 223), et ce déclin devient perceptible dès la soixantaine (Light, 2000, p. 73-74).

<u>Le processus de la mémorisation</u>

On peut se représenter le fonctionnement de la mémoire comme un processus en quatre étapes.

1. Nous percevons des stimuli et leur donnons un sens.

2. Ces stimuli entrent dans la *mémoire à court terme* où nous décidons soit de les évacuer comme non pertinents, soit de les mémoriser avec ou sans effort. Ce processus dure environ cinq secondes.

3. Les informations nouvelles qui ont été jugées pertinentes sont enregistrées dans un *centre d'entreposage* ou mémoire à long terme.

4. ...D'où nous les récupérerons au besoin.

Or, les sujets âgés ont tendance à éprouver des difficultés dès l'étape de l'enregistrement des données dans la mémoire à court terme, surtout s'ils doivent faire deux choses en même temps. Par exemple, dans un échange à plusieurs au cours duquel elle tente de suivre la conversation tout en pensant à ce qu'elle se propose de dire, la personne âgée peut oublier un détail important qui vient d'être mentionné et qui n'a échappé à personne d'autre.

L'impact du vieillissement se manifeste aussi à l'étape suivante. Les sujets âgés obtiennent dans l'ensemble des performances inférieures aux sujets plus jeunes lorsqu'on limite le temps d'apprentissage (par exemple: deux minutes pour apprendre une liste de quinze mots). Dans l'ensemble, ils doivent faire plus d'essais et ils ont besoin de plus de temps pour mémoriser la même quantité d'informations.

L'impact du vieillissement sur la quatrième étape est plus difficile à identifier: les personnes âgées ont-elles plus de difficulté que les plus jeunes à se souvenir de ce qu'elles ont appris? Pour répondre à cette question, il faut distinguer entre le rappel et la reconnaissance. Le rappel consiste à se souvenir par soi-même d'une information donnée, et donc sans l'aide d'indices. La reconnaissance consiste à reconnaître, parmi différentes informations qui nous sont présentées, celle que nous avions mémorisée antérieurement.

Or, les sujets âgés tendent à obtenir des performances inférieures pour les tests de rappel, mais manifestent des aptitudes égales pour les tests de reconnaissance, ce qui donne à penser que l'*entrepôt* demeurerait intact. Pour les informations nouvelles cependant, ils auraient un problème d'organisation et de rangement: ne réussissant pas à imaginer rapidement des stratégies d'entreposage, ils auraient de la difficulté à se souvenir de l'endroit où ils ont placé ces informations.

<u>Mémoire spontanée et mémoire délibérée</u>

Il faut encore distinguer différentes sortes, ou du moins différentes fonctions de la mémoire. La mémorisation peut se faire *délibérément*: «Je vais essayer de retenir le prénom des personnes du groupe quand elles vont se présenter.» La mémorisation peut aussi se faire *spontanément*: «La nouvelle voisine s'appelle Lucie Morin, elle est veuve depuis six mois, son fils travaille pour la compagnie Purolator...»

La mémoire spontanée joue souvent un rôle plus stratégique que la mémoire délibérée. Nous enregistrons automatiquement une proportion impressionnante des stimuli que nous captons, ce qui nous permet d'avoir des comportements adaptés. Or, la mémoire spontanée semble beaucoup moins sujette au déclin avec l'âge que la mémoire délibérée.

Programmes d'intervention

Différents programmes de formation visent à aider les personnes âgées à améliorer leur mémoire. On leur enseigne par exemple à utiliser des indices leur permettant de donner une signification particulière aux éléments à mémoriser, de manière à s'en rappeler plus facilement le moment venu.

Ces programmes sont cependant soumis à plusieurs contraintes. Ils ne doivent pas être trop coûteux ni trop longs, de manière à soutenir l'attention et la motivation des participants. Ils doivent aussi être efficaces, bien sûr. Mais même s'ils démontrent une certaine efficacité, il faut aussi que les participants persévèrent à appliquer dans leur quotidien les stratégies apprises lors de la formation.

Or, on s'est peu soucié jusqu'ici de faire un suivi systématique concernant les bénéfices de ces programmes dans le quotidien (Van der Linden et autres, 2000, p. 107). La question est donc à suivre. (Pour un traitement fouillé de l'ensemble de la problématique du vieillissement cognitif, voir le volume de Lemaire et Bherer, 2005.)

Quelques conseils

Entre temps, voici quelques conseils pour aider les personnes âgées à améliorer leur mémoire. Nous les empruntons au *Conseil consultatif national sur le troisième âge* (1991, p. 5), avec quelques retouches.

1. Pour vous rappeler le nom de quelqu'un qu'on vous présente, ne précipitez pas les présentations, écoutez attentivement son nom, répétez-le mentalement, associez-le à quelque chose ou à quelqu'un de familier, et employez son nom dans la conversation.

2. Enregistrez un détail inhabituel ou amusant associé à ce dont vous voulez vous souvenir.

3. Notez ce que vous voulez retenir; le seul fait de l'écrire vous aidera à vous en souvenir.

4. Pour diminuer les risques de distraction, faites une seule chose à la fois. Lors d'une conversation, écoutez attentivement votre interlocuteur.

5. Pour éviter de vous répéter, demandez si vous avez déjà raconté ce fait avant d'en entreprendre le récit, et tenez compte de la réponse. (Certaines personnes posent la question et se lancent tout de suite dans leur narration sans que leurs interlocuteurs n'aient eu le temps de réagir.)

6. Demeurez intellectuellement actifs. Cherchez les occasions d'apprendre des choses nouvelles et intéressantes.

7. Ne vous inquiétez pas des trous de mémoire. Ils arrivent à tout le monde et leurs conséquences sont rarement graves. Par contre, si vous remarquez qu'un membre aîné de votre famille a des pertes de mémoire anormales et de plus en plus fréquentes, une évaluation médicale peut être indiquée.

8. Il est prouvé qu'une mauvaise alimentation, l'abus de l'alcool et l'usage de tranquillisants affectent la mémoire. Demeurez vigilant à cet égard.

Bilan d'ensemble

Les personnes âgées se trouvent confrontées dans l'ensemble à un certain déclin de leur intelligence et de leur mémoire. Elles tendent aussi à présenter un déficit d'attention. Par exemple, lorsqu'on leur demande d'effectuer une tâche de raisonnement tout en gardant en mémoire une série de chiffres, elles obtiennent en moyenne des performances moindres que les sujets plus jeunes (Richard et Mateev-Dirkx, 2004, p. 29).

La question du déclin de la mémoire s'insère donc dans la problématique d'ensemble des déclins cognitifs (Van der Linden et autres, 2000, p. 102). Même s'il reste beaucoup de travail à faire pour mieux comprendre les interactions complexes entre le vieillissement et les différentes fonctions cognitives (Light, 2000, p. 90 et Hoyer et Verhaeghen, 2006, p. 223), quelles conclusions pouvons-nous tirer de ces tendances?

D'abord, les données qui précèdent nous font voir une fois de plus qu'il n'existe pas de modèle de vieillissement unique, mais que nous sommes en présence de différents profils où interagissent de façon complexe des facteurs biologiques, des facteurs de personnalité et des habitudes de vie.

Or, certaines habitudes de vie sont en train de changer: préoccupation d'une alimentation saine et d'un style de vie actif, souci de créer des environnements de travail moins nocifs, sensibilisation à l'abus des médicaments... Certains estiment même que le quotient intellectuel serait à la hausse dans les pays industrialisés, à cause de l'urbanisation et de l'augmentation du niveau de vie qui auraient pour effet de créer des environnements plus stimulants (Beaulieu, 1991, p. 16).

Il faut se rappeler ensuite que les aptitudes intellectuelles ne sont pas la seule composante d'un comportement adéquat, mais qu'on doit aussi tenir compte de facteurs comme la motivation et la patience, l'expérience, les aptitudes à communiquer et les autres stratégies d'adaptation.

Un certain déclin des aptitudes cognitives n'empêche pas la majorité des personnes âgées de bien fonctionner, surtout lorsqu'elles s'adonnent à des tâches familières dans un environnement stable. La situation risque toutefois de se corser lorsqu'on introduit des données plus complexes, comme le fait de devoir prendre une série de nouveaux médicaments selon des horaires variables (Park et Minear, 2002, p. 916), le fait de programmer un appareil vidéo ou un répondeur téléphonique, ou encore d'utiliser un guichet automatique.

Il vient donc un temps où la capacité de bien fonctionner dans le quotidien devient affectée par les pertes cognitives, surtout lorsque arrive le grand âge. L'accumulation des handicaps risquera à la limite de compromettre la capacité du sujet de fonctionner d'une façon autonome et sans supervision.

S'il faut éviter de noircir le tableau, il faut aussi se garder d'une vision exagérément optimiste qui aurait pour effet de négliger les personnes à risque en ne leur apportant pas les soins qu'elles requièrent. Cette vision irréaliste pourrait aussi amener les intéressés à faire preuve d'imprévoyance, que ce soit en négligeant de rédiger un testament et un mandat en cas d'inaptitude ou en ne se préoccupant pas d'aménager leur environnement de manière à le rendre plus sécuritaire et moins exigeant, etc.

Revenons à la déclaration avec laquelle nous avons commencé notre chapitre:

> «Le véritable changement réside dans mon inaptitude croissante à penser. Je n'ai plus la même confiance arrogante en mes capacités intellectuelles. Les vieillards se ridiculisent facilement en continuant sur leur lancée sans se rendre compte que leurs facultés les ont abandonnés depuis longtemps.» (Hebb, 1979, p. 23)

Cette confidence paraît empreinte de réalisme dans la mesure où M. Hebb est conscient que ses aptitudes cognitives ne sont plus ce qu'elles étaient. Il risque de verser dans le stéréotype lorsqu'il laisse entendre que «les vieillards» (dans leur ensemble) perdent leurs facultés. Mais on peut penser que cette perspective lui permet de mieux évaluer les défis qui le confrontent et d'entrevoir d'une façon responsable ce qui pourrait lui arriver. Le vieillissement ne demeure-t-il pas une aventure qui comporte sa dose d'imprévus?

Chapitre 13

COMPOSER AVEC LA MALADIE

PROBLÉMATIQUE ET ENJEUX

> *«On s'attend à mourir un jour,*
> *mais pas à perdre son être avant de mourir.»*
> -Une personne atteinte d'Alzheimer

> **Trois thèmes sont au menu de ce chapitre. D'abord la dépression, dont nous verrons la nature et la prévalence avant d'examiner des points de repère destinés à en faciliter la détection, la prévention et l'accompagnement. Ensuite, les démences et la maladie d'Alzheimer, dont nous explorerons la nature et l'évolution ainsi que les enjeux qu'elle soulève. Enfin, les maladies chroniques, dont nous examinerons ici encore la nature et les stratégies qui permettent de s'y adapter.**

La dépression

La dépression porte atteinte à la qualité de vie et se répercute sur la santé physique, en augmentant le recours aux soins de santé. Elle provoque l'isolement et la négligence corporelle et mine les ressources de l'entourage. Elle est source d'anxiété et de grande souffrance et elle peut conduire au suicide (Vézina et autres, 2000, p. 23). On estime en effet que la majorité des personnes qui mettent fin à leurs jours souffraient de dépression, et que la probabilité du suicide est multipliée par trente pour les personnes dépressives (Hawton, 1992).

Les épisodes aigus durent en moyenne huit mois, certains symptômes peuvent subsister durant des dizaines d'années, et les risques de récidive sont de 50% (Joiner, 2000, p. 225).

Et pourtant, la dépression passe souvent inaperçue, les intéressés niant être déprimés et les médecins ne détectant que le tiers des dépressions chez leurs patients (Coyne et autres, 1995). Il est vrai qu'il n'est pas toujours facile de reconnaître la dépression chez les personnes âgées lorsqu'elles se plaignent de perte d'appétit ou de difficultés à se concentrer, à digérer ou à dormir, ces problèmes pouvant être reliés à plusieurs autres causes.

C'est pourquoi il n'est pas facile d'établir la fréquence exacte de la dépression. De 15% à 20% des personnes âgées vivant dans la communauté en manifesteraient des symptômes, et ce chiffre passerait au double dans les établissements de soins de longue durée, 6% des résidents souffrant de dépression majeure (Vézina et autres, 2000 p. 26 et Gatz, 2000, p. 241).

On parle de dépression majeure (ou dépression clinique) lorsqu'une personne présente pendant au moins deux semaines cinq des symptômes suivants: humeur dépressive, perte d'intérêt, perte ou gain de poids, insomnie ou sommeil exagéré, agitation ou ralentissement psychomoteur, fatigue, sentiment de culpabilité, difficulté à se concentrer et idées suicidaires (DSM-IV, 1995, traduction de Vézina et autres, 2000, p. 26).

Une personne peut se sentir atteinte par l'un ou l'autre de ces symptômes, par exemple lors du deuil d'un conjoint, même si elle ne présente pas tous les critères d'une dépression majeure (Joiner et autres, 2002, p. 336).

La dépression chez les personnes âgées

Voici les principaux facteurs de risque de dépression chez les personnes âgées: symptômes de dépression à des époques antérieures de la vie, santé précaire, pertes récentes et réseau de soutien limité. Cependant, la probabilité de dépression associée à des pertes récentes et à d'autres événements stressants comme la perte d'un conjoint, serait plus faible chez les personnes âgées que chez les groupes plus jeunes. La situation la plus à risque serait le fait de devoir s'occuper d'un conjoint en perte d'autonomie, bien que la majorité des personnes âgées assumant une telle charge s'en tirent assez bien (Gatz, 2000, p. 244-245).

La dépression s'accompagne souvent d'anxiété, ce qui peut entraîner des problèmes de santé physique et des problèmes d'isolement. Pensons à la peur de faire une mauvaise chute, d'utiliser les transports en commun, de se faire attaquer si on sort de sa maison... Une étude a trouvé que les aînés qui ont peur de tomber sortent six fois moins de leur domicile que ceux du même âge et de même sexe qui n'ont pas cette peur (Arfken, 1994, cité par Bouisson, 2005, p. 35).

Cette sédentarité accrue risque d'entraîner une plus grande morbidité (maladies cardiaques et diabètes, notamment), de même qu'un plus grand isolement et donc une plus grande vulnérabilité face aux pertes liées au vieillissement.

Ceci dit, les personnes âgées répondent aussi bien aux traitements que les plus jeunes, surtout si elles n'ont pas une longue histoire de dépression. Les traitements pharmacologiques accompagnés d'une psychothérapie sont indiqués dans les cas de dépression majeure, tandis que la psychothérapie donne de bons résultats dans les cas de symptômes plus modérés.

Points de repère: détection, prévention et accompagnement

Terminons le présent chapitre par quatre listes de conseils formulés par le Conseil consultatif national sur le troisième âge (2000, p. 7).

<u>Si vous croyez que vous souffrez d'une dépression</u>

- Sachez reconnaître le fait que vous êtes déprimé à l'aide des indices suivants: perte d'appétit et de poids, sommeil perturbé, perte d'entrain et de motivation, idées suicidaires.

- N'ayez pas honte d'en parler et de vous faire traiter, comme vous le feriez pour un problème de diabète ou une fracture à la jambe.

- Si les symptômes vous rendent perplexe, n'essayez pas d'établir votre propre diagnostic mais demandez l'aide d'un professionnel.

- L'effet des antidépresseurs n'est pas immédiat. Demandez à votre médecin ou à votre CLSC de vous indiquer d'autres sources d'aide et de soutien en attendant de ressentir les bienfaits du médicament.

- Renseignez-vous sur les traitements complémentaires comme la thérapie cognitive, qui vous permettra d'apprendre de nouvelles façons de voir la vie et de faire face aux difficultés.

<u>Pour prévenir la dépression: se maintenir en bonne santé physique et psychologique</u>

- Dormez suffisamment, mangez bien et faites de l'exercice régulièrement.

- Faites des activités agréables tous les jours afin d'essayer de réduire l'impact des événements déplaisants.

- Entretenez des liens avec des gens positifs et optimistes, ainsi qu'avec la famille et les amis; vous aurez ainsi de l'aide dans les moments difficiles.

- Donnez un sens à votre vie, que ce soit par la spiritualité, l'engagement social ou des réalisations personnelles.

- Adonnez-vous à des activités stimulantes pour le corps et l'esprit et à des activités qui favorisent les rapports sociaux.

- Prenez vos propres décisions, mais en tenant compte des opinions de vos proches.

- Suivez les directives lorsque vous prenez un médicament afin de réduire la possibilité d'une dépression comme effet secondaire.

- Demandez de l'aide lorsque vous en avez besoin; cela n'est pas une marque de faiblesse ou d'incompétence, mais plutôt un signe de santé, de maturité et d'autonomie.

- Tentez de faire face aux hauts et aux bas de la vie avec souplesse et humour.

<u>Si un aîné que vous connaissez est dépressif</u>

- N'ignorez pas les symptômes chez un proche qui est triste, s'isole, est léthargique ou néglige son apparence ou son hygiène.

- Prenez au sérieux toute parole sur la mort ou le suicide.

- Le fait de pousser la personne en lui disant de ne pas se laisser aller ne mène à rien. Il faut plutôt la soutenir afin qu'elle trouve une aide appropriée.

- Faites preuve de compréhension sans vous sentir coupable – vous n'êtes pas la cause de cette dépression.

<u>Si vous vous occupez d'une personne dépressive</u>

- Prenez soin de vous-même – faites de l'exercice, surveillez votre alimentation, dormez suffisamment. Apprenez des techniques de relaxation. Suivez un cours de gestion du stress.

- Protégez votre équilibre mental – ne laissez pas la maladie dominer votre vie. Respectez votre routine – ne modifiez pas vos habitudes en fonction de la personne dépressive.

- Une personne dépressive peut être irritable, hostile et pessimiste. Si vous ressentez parfois de la colère, ne soyez pas dur envers vous-même mais cherchez des moyens constructifs pour l'extérioriser.

- Fixez-vous des objectifs réalistes et apprenez à dire non.

- Partagez le fardeau. Discutez de la situation avec des amis et des proches et demandez-leur de fournir un soutien à la personne dépressive. Au besoin, demandez de l'aide pour vous-même et les autres membres de la famille.

Pour un guide présentant les formes de dépression et les traitements appropriés, on pourra aussi consulter: *La dépression: un aperçu de la littérature*, une publication de l'Association canadienne pour la santé mentale (Ottawa, 1995).

Les démences

Un pour cent des personnes âgées de 60 ans souffriraient de démence, et autour de 85 ans, ce nombre oscillerait entre 30 et 50% (Evans et autres, 1986, cités par Dalsania, 2004, p. 33). Le syndrome de la démence possède deux composantes, soit un désordre cognitif affectant la mémoire, le langage ou l'orientation spatiale, et une perturbation du jugement (capacité de planifier, d'organiser, d'établir des séquences et de raisonner).

Dans environ les deux tiers des cas, la démence est attribuable à la maladie d'Alzheimer. Les autres causes peuvent être multiples: maladie de Parkinson dans ses phases avancées, commotion cérébrale, intoxication médicamenteuse, dépression sévère, maladie cérébrovasculaire (dans le tiers des cas d'acv selon Vermeer et autres, 2003), ou accès de délire suite à une hospitalisation (problème cardiaque, infection pulmonaire ou autre, douleur, ou même simplement déshydratation).

La cause la plus commune des démences réversibles (environ dix pour cent des cas) serait l'intoxication médicamenteuse attribuable à de trop fortes doses ou à des interactions indésirables entre différents médicaments (Dalsania, 2004, p. 35).

Le fait que la démence soit réversible dans bien des cas indique l'importance critique d'un diagnostic précis qui permettra de distinguer entre une démence à laquelle on peut remédier et une démence irréversible qui ne pourra aller qu'en s'aggravant.

Lorsqu'il s'agit d'une démence irréversible, les enjeux pour l'intervention recoupent ceux associés à la maladie d'Alzheimer et nous y reviendrons plus bas.

La maladie d'Alzheimer

Les premières manifestations de la maladie sont discrètes. La personne ne retrouve plus des objets familiers et elle a du mal à se rappeler des noms bien connus, mais elle continue à fonctionner normalement à la maison et au travail. Puis les déficits cognitifs s'accroissent et l'entourage en devient conscient: le sujet a parfois de la difficulté à trouver ses mots ou à retenir le nom de la personne qui lui est présentée, et ses performances diminuent nettement dans des situations plus corsées qu'il maîtrisait dans le passé (comme de s'orienter dans un environnement nouveau).

De légers, les déficits deviennent modérés: difficultés à voyager, à gérer son budget, à se rappeler des souvenirs familiers, et d'une façon plus générale, à exécuter des tâches plus complexes (comme une recette culinaire plus élaborée).

On passe ensuite aux déficits sévères: la personne perd l'accès à des données élémentaires comme son adresse ou son numéro de téléphone, le nom de certains de ses proches, le nom du collège où elle a étudié, elle a de la difficulté à compter et elle est facilement désorientée dans le temps et dans l'espace.

Avec le temps, les déficits s'accroissent: difficulté à choisir ses vêtements, oubli occasionnel du nom du conjoint, désorientation quant au jour de la semaine, à la saison, à l'année, confusion quant à l'identité de certains proches, répétition obsessionnelle de certains gestes et de certaines phrases, manifestations d'anxiété ou d'hostilité.

La phase ultime est marquée par des déficits sévères: perte du langage, incontinence, dépendance totale des proches pour faire sa toilette, s'habiller, se nourrir et se déplacer. À la fin, la personne devient coupée de la réalité, dans un état végétatif, souvent dans une position fœtale (pour une synthèse plus détaillée des détériorations cognitives, voir Groulx et Beaulieu, 2004, p. 90-99).

Dès que le diagnostic est tombé, la personne se trouve donc confrontée à la perte progressive de ce qui la constitue comme être humain, soit non seulement son autonomie, mais sa conscience même, en passant par son accès à son passé et à son histoire et par ses relations avec ses êtres chers.

Ces derniers seront confrontés eux aussi à autant de deuils, et ils auront en plus le stress de composer avec cette dégénérescence qui pourra s'étaler sur de nombreuses années.

Enjeux majeurs

On doit faire en sorte que la personne atteinte conserve la maîtrise de sa vie le plus longtemps possible. En prévision du pire, il est toutefois sage de lui conseiller de se désigner un mandataire en cas d'inaptitude, de préférence dans un document notarié, ce qui donne des pouvoirs étendus à son mandataire.

Ceci implique que le diagnostic de la maladie soit clairement communiqué à la personne atteinte. On procédera le plus délicatement possible, en l'assurant que l'on s'engage à lui fournir les meilleurs soins disponibles tout au long de l'évolution de sa maladie.

Dans le quotidien, les grands défis seront de veiller à ce que la personne puisse profiter le plus longtemps possible des activités signifiantes pour elle. Pour le reste, il s'agira d'apprendre à gérer les symptômes à mesure que ceux-ci se présenteront: confusion, accès de délire paranoïde ou d'agressivité, repli sur soi pouvant alterner avec des périodes d'agitation, comportements aberrants, du moins vus de l'extérieur, errance, perte d'autonomie…

Tout ceci se traduira par un stress élevé et prolongé pour les proches, stress qui risquera de se répercuter sur leur santé mentale et physique. Une revue des recherches fait en effet ressortir des taux de dépression et de morbidité plus élevés de la part des proches aidants, de même que de plus bas taux de satisfaction face à la vie (Tobin, 1999, p. 229).

De nombreuses recherches et expériences cliniques démontrent toutefois que la qualité de vie des personnes atteintes d'Alzheimer peut être maintenue dans plusieurs cas, et que la progression de la maladie peut être ralentie jusqu'à un certain point (Ylieff, 2000, p. 167). Les pratiques suggérées à cet effet sont également de nature à soulager le stress des aidants naturels. Nous en présentons ici une brève synthèse, à partir de Tobin (1999), Groulx et Beaulieu (2004, p. 108-111), Post (2002, p. 326-330), Gauthier (2002) et Dalsania (2004, p. 47-49). Pour des enjeux pratiques concernant la vie à domicile, voir aussi Aupetit (2004, p. 164-191).

<u>Points de repère pour les soignants</u>

Ces points de repère s'adressent autant aux soignants à domicile qu'à ceux qui oeuvrent en établissement.

1. Renseignez-vous sur la nature de la maladie, ses symptômes et la façon de composer avec ceux-ci. Cette information va contribuer à la fois à réduire votre stress, maintenir la qualité de vie de la personne malade et retarder son admission dans un centre d'hébergement.

2. Même si la personne atteinte ne vous répond pas, parlez-lui de ce qui se passe autour d'elle et donnez-lui des nouvelles de ses proches. Elle en retiendra ce qu'elle pourra et ce contact avec vous sera de nature à la rassurer.

3. Utilisez des phrases courtes et simples, avec des noms plutôt que des pronoms. Ne changez pas rapidement de sujet et donnez à la personne le temps de comprendre ce que vous lui dites. Au besoin, aidez-la à s'exprimer correctement en répétant la phrase qu'elle vient de dire mais en y intégrant les mots justes.

4. Soyez attentif au fait que, comme pour toute personne vieillissante dont les horizons se restreignent, les petits plaisirs de la vie deviennent plus importants pour elle.

5. Réduisez les risques d'accidents en surveillant sa capacité à accomplir ses tâches habituelles, comme faire à manger, conduire ou se déplacer dans la maison.

6. Tentez de décoder la raison de son comportement problématique. Par exemple, son hostilité peut être une façon inconsciente de sauvegarder le peu d'autonomie qui lui reste, ou de projeter sur les autres la responsabilité de sa situation, ou son errance dans la maison à la recherche de sa mère peut être une quête de sécurité. Si la personne est agitée, tentez de voir pourquoi et essayez d'agir sur la cause (cela peut être le signe d'un inconfort physique ou d'une douleur, d'un manque ou d'un excès de stimulation…)

7. Pour désamorcer une crise, tentez de distraire le patient en lui proposant une activité, comme de prendre une collation, par exemple.

8. Ne sous-estimez pas les bienfaits de l'activité physique, car cela canalise son énergie et accroît son bien-être tout en agissant sur son appétit et en favorisant son sommeil.

9. Préparez-vous aux rendez-vous avec son médecin en prenant en note les changements qui surviennent dans son comportement et ses attitudes face à ses proches, ses habitudes alimentaires, son sommeil, ses déficits cognitifs…

10. Pour maintenir votre moral, tentez de miser sur les ressources qui demeurent intactes plutôt que vous arrêter seulement aux déficits, et prévalez-vous des ressources de votre milieu: services de répit ou de maintien à domicile, groupes d'entraide et de soutien...

11. Si la personne atteinte habite à domicile, il vous faudra probablement prévoir son hébergement lorsque la maladie atteindra un stade avancé. Tentez de vous faire à l'idée et renseignez-vous sur

les modalités de l'hébergement, de manière à ce que cette transition soit la moins pénible possible.

12. Il reste un point délicat. Dans une réflexion sur les enjeux éthiques de la démence, un spécialiste affirme que dans les derniers stades de la maladie, lorsque la personne a perdu le réflexe de manger et de boire, «on devrait clairement reconnaître que la décision de ne pas recourir à une alimentation artificielle doit aussi s'accompagner de la décision de ne pas recourir à l'hydratation artificielle non plus» (Post, 2002, p. 329). On devra alors informer les proches que si l'on choisit cette voie, la personne va vraisemblablement mourir dans les deux prochaines semaines, et que la déshydratation s'accompagne d'effets sédatifs qui lui permettront de mourir paisiblement. Il s'agit ici d'un enjeu qu'il faut soulever avec la famille avec beaucoup de délicatesse et de compassion.

Pour un guide complet et bien fait à l'intention des conjoints et des enfants de la personne atteinte, voir Éthier, 2005.

Les maladies chroniques

> *«Nous, les personnes âgées, avons un caractère difficile*
> *parce que nous souffrons énormément.*
> *Même les choses les plus simples*
> *nous demandent un effort.*
> *Mais quand nous avons réussi*
> *à faire fonctionner notre corps affaissé,*
> *nous nous trouvons habiles et nous sommes heureuses.»*
> -Florida Scott-Maxwell (1994), 83 ans

Il existe une grande variété de maladies chroniques, que ce soit l'arthrite, l'asthme, l'emphysème, le diabète et ses corollaires habituels (insuffisance cardiaque et rénale)... Le tiers des personnes âgées de 65 à 74 en souffriraient, et cette proportion passerait à 45% chez les 75 ans et plus (Kahana et autres, 2005, p. 102).

Les symptômes et leur degré de gravité peuvent varier, mais on ne peut manquer d'être impressionné par leur impact cumulatif sur toutes les facettes de la vie de la personne atteinte, que ce soit sur ses activités quotidiennes, ses relations avec ses proches, son travail, sa situation financière, ses loisirs…

La maladie chronique peut menacer la vie même de la personne atteinte, et elle affecte d'ordinaire son niveau de bien-être, son autonomie et son niveau de maîtrise sur sa vie, de même que son niveau de performance dans ses rôles habituels. Et bien sûr, la maladie chronique porte atteinte à son image de soi, à sa façon de voir la vie et à ses projets (Falvo, 2005, p. 3).

La personne atteinte prend conscience de toutes les choses qu'elle tenait jusqu'ici pour acquises et auxquelles elle devra désormais renoncer, et lorsque la maladie s'aggrave, elle se voit forcée d'investir beaucoup d'énergie pour accomplir les tâches reliées à son hygiène, à son alimentation ou à l'entretien de son logement.

Stratégies d'adaptation

Le stress généré par les symptômes et les contraintes de la maladie chronique peut donner lieu à des réponses non adaptées, comme la négation prolongée et le refus de se faire suivre médicalement ou de respecter le traitement requis, l'hostilité, la dépression et l'isolement, ou encore l'abus d'alcool, de médicaments ou autres drogues.

La majorité des personnes réussissent toutefois à s'ajuster d'une façon relativement satisfaisante à leur nouvelle condition de vie, et nous examinerons brièvement les principales stratégies auxquelles elles ont recours (à l'aide de Moore Schaefer, 1995, p. 68-73).

1. Les comparaisons positives, comme le fait de se dire qu'«il y a toujours quelqu'un de pire», et d'appuyer cette affirmation par un exemple concret: «Je suis un peu déprimé, mais pas autant que X qui songe parfois à mettre fin à ses jours…» Certaines personnes

s'appliquent ces comparaisons à elles-mêmes, se disant par exemple que la journée particulièrement difficile qu'elles ont présentement à vivre «n'est quand même pas aussi pénible que cette fameuse fois où...».

2. Le fait d'apprendre à se connaître, à pouvoir prédire un peu les variations de leurs symptômes ou leur comportement dans diverses situations, et d'apprendre à prévoir quelles stratégies elles mettront en œuvre dans ces circonstances. Cette connaissance requiert de la vigilance, mais elle contribue à consolider le sentiment de contrôler sa vie.

3. D'autres stratégies consistent à développer la capacité de discerner ce qu'on peut raisonnablement demander à ses proches ou à ses amis; à développer un bon sens de l'humour; à entretenir une appréciation positive pour sa capacité de composer avec son état d'une façon relativement satisfaisante...

4. On pourrait ajouter les nouvelles technologies qui peuvent améliorer sensiblement la vie des personnes à mobilité réduite, que ce soit Internet, les téléphones cellulaires et tous les appareils qui permettent de suivre de près l'évolution de son état de santé. Il nous vient à l'esprit l'exemple d'une femme de 70 ans retenue à la maison par un conjoint atteint d'Alzheimer et qui ne connaissait rien à l'informatique. Aidée par sa bru et par une voisine, elle se procure un ordinateur et s'initie aux courriels qui lui permettent d'établir un contact quotidien avec une sœur qui habite au loin, pour le plus grand plaisir des deux intéressées. Nombre de personnes aussi s'adonnent par Internet à des jeux qui stimulent leurs capacités cognitives et visitent des sites qui les enrichissent culturellement.

Ces stratégies et beaucoup d'autres permettent à bien des personnes atteintes de se réconcilier avec leur maladie, ses symptômes et ses contraintes, et à atteindre la conviction de vivre malgré tout une vie saine, signifiante et satisfaisante dans son ensemble (voir Kahana et autres, 2005).

Chapitre 14

PRÉVENIR LES ATTEINTES À SON INTÉGRITÉ

PROBLÉMATIQUE ET ENJEUX

> *«Je dois me sacrifier*
> *pour le bien-être de ma famille.»*
> -Une femme âgée abusée

> **Ce chapitre met en scène le phénomène des atteintes à l'intégrité (aussi désignées par les termes de mauvais traitements, négligence et abus). Après en avoir précisé la nature, nous tenterons d'en établir la fréquence et d'en cerner l'impact ainsi que les facteurs de risque, après quoi nous nous pencherons sur les enjeux au plan de l'intervention et de la prévention. Nous terminerons par un coup de sonde sur la situation en établissement.**

«La CSN condamnée à un million»

Le journal *La Presse* du 9 décembre 1989 rapportait ceci:

> «Il en coûtera 1 137 500 $ en dommages intérêt aux différentes instances de la CSN pour la grève illégale de 33 jours de 708 de leurs membres à l'hôpital psychiatrique Saint-Julien, à Saint-Ferdinand d'Halifax, à l'automne 1984. Quelque 650 malades recevront chacun une compensation de 1 750 $.»

Ce jugement témoigne d'une sensibilité nouvelle. Des abus qui demeuraient autrefois dans l'ombre sont désormais dénoncés et donnent souvent lieu à des mesures judiciaires. L'article 48 de la *Charte québécoise des droits et libertés* se lit ainsi:

> «Toute personne âgée ou toute personne handicapée a droit d'être protégée contre toute forme d'exploitation. Toute personne a aussi droit à la protection et à la sécurité que doivent lui apporter sa famille ou les personnes qui en tiennent lieu.»

Ces derniers mots visent toutes les catégories de personnel qui oeuvrent dans les établissements publics ou privés où sont hébergées des personnes âgées, qu'il s'agisse de préposés, de professionnels ou d'administrateurs.

Négligence et abus

Négligence et abus constituent deux problématiques différentes présentant chacune des facteurs de risque et des profils spécifiques pour les personnes qui s'en rendent coupables. Nous les examinerons donc séparément.

La négligence est un manque d'attention découlant de l'insouciance, de l'indifférence ou de la malice d'un soignant naturel ou formel, lequel manque d'attention empêche la personne âgée de satisfaire ses besoins de base (Hudson, 2002, p. 408).

Les conséquences de la négligence peuvent être graves, comme la malnutrition, la déshydratation et le manque de soins médicaux, et la négligence peut aussi compromettre le bien-être psychologique, par exemple lorsqu'on laisse la personne âgée isolée et sans contacts sociaux.

L'auto négligence peut faire autant de ravages. Pensons au fait de ne pas prendre ses médicaments d'une façon régulière et selon les doses prescrites et au fait de ne pas suivre les directives de son médecin ou d'avoir des comportements à risque (comme de conduire une automobile en ignorant les restrictions apportées à son permis de conduire).

Les personnes âgées victimes d'auto négligence pourraient dépasser en nombre les victimes d'abus ou de négligence aux mains d'un tiers (Tatara, 1993). Faut-il exclure de ce groupe les sujets qui décident de poser des actes qui menacent ou compromettent leur santé, par exemple fumer ou manger gras, ou qui négligent de faire de l'exercice d'une façon quotidienne? Des spécialistes pensent que oui (Gorbien et Eisenstein,

2005, p. 280), et des représentants de groupes voués à la promotion des droits des personnes âgées parlent dans ce sens du *droit à des conduites à risque*.

Il y a là une zone grise, et cela devient davantage problématique lorsque l'auto négligence est le fait de personnes âgées frêles et en perte d'autonomie, aux prises avec un problème d'alcool ou atteintes de démence. Quant aux interventions portant sur la négligence comme telle, nous les examinerons en même temps que celles relatives aux abus.

Les mauvais traitements

Voici une synthèse des principaux abus ou mauvais traitements à l'endroit des personnes âgées (voir entre autres Nahmiash, 2000, p. 199).

<u>Niveau physique</u>

Privation de soins physiques et de soins médicaux;
privation de médicaments, ou administration irrégulière ou en doses inadéquates;
alimentation et hydratation insuffisantes;
coups, gifles, blessures, brûlures, rudoiement;
agression sexuelle;
immobilisation injustifiée du sujet.

<u>Niveau psychologique</u>

Humilier, blâmer indûment, culpabiliser, harceler, intimider;
ridiculiser, utiliser un surnom contre la volonté de la personne âgée, infantiliser;
menacer (de retenir le chèque de pension, d'isoler le sujet ou de le faire héberger, de le punir, physiquement ou autrement);
s'adresser à la personne avec des cris ou des jurons ou en termes méprisants (agression verbale);
avoir avec elle des contacts sexuels contre son gré;
la manipuler, en la privant d'informations ou en faussant celles qu'on lui donne;

décider pour elle (par exemple, quels vêtements elle va porter) et accroître ainsi sa dépendance.

<u>Niveau social</u>

Isoler la personne quand des visiteurs se présentent; la priver de contacts, par exemple en lui interdisant de quitter sa chambre;
inversement, la priver d'intimité;
la priver de ses rôles, par exemple en lui disant qu'elle est trop vieille pour faire partie de la chorale ou du comité de bénévoles de la paroisse;
la forcer à remplir des rôles qui ne lui conviennent pas, comme laver des planchers ou des fenêtres.

<u>Niveau matériel et financier</u>

Encaisser les chèques de pension ou d'assurance du sujet;
lui voler son argent ou ses possessions ou s'en approprier par la ruse;
lui demander des frais excessifs pour des services rendus;
vendre sa propriété ou ses autres biens sans sa permission et s'en approprier les bénéfices;
lui vendre des biens ou des services qui de toute évidence ne lui conviennent pas (un agent d'assurance a été condamné pour avoir vendu à une femme de 75 ans une assurance médicale couvrant les frais de maternité).

L'infantilisation

L'infantilisation est une forme d'abus fréquente mais souvent méconnue. Infantiliser une personne âgée, c'est diminuer le sentiment de sa compétence en la traitant comme un enfant. En voici des formes fréquentes.

1. La tutoyer ou s'adresser à elle par son prénom sans qu'elle l'ait demandé, ou en tenant pour acquis que cela lui convient puisqu'elle ne dit rien.

2. Lui faire des remarques paternalistes ou *maternantes*: «Vous avez mangé toutes vos céréales. C'est bien, ça!» (Plutôt que: «Ça me fait plaisir de voir que vous avez un bon appétit aujourd'hui.»)

3. Ne pas la consulter lorsque ce serait approprié: «Là, on va faire une belle sieste.» (Plutôt que: «Avez-vous le goût de dormir un peu?»)

4. Faire pour elle ce qu'elle pourrait faire elle-même: se laver, se coiffer, manger...

5. Utiliser un langage d'enfant: «un beau dodo» pour «une sieste», «faire un petit pipi» pour «aller à la toilette», «avoir de la grosse peine» pour «pleurer».

6. Utiliser des diminutifs dévalorisants: «une belle petite madame» ou «une petite grand-maman» pour «une femme sympathique» (certaines femmes désignées comme des *grands-mamans* n'ont jamais eu d'enfants), «une petite colère» pour «une colère».

7. Faire de la personne âgée sa possession: «Je vais aller coucher mes vieux», «Je vais aller voir mes grands-mamans», «Celui-là, c'est mon plus tranquille»...

8. Réprimer son intérêt sexuel comme on le fait avec un enfant.

Même si elle semble moins dramatique à première vue, l'infantilisation a souvent des effets plus graves qu'un coup ou une blessure, dans la mesure où elle concourt à miner chez le sujet le sentiment de sa valeur personnelle.

<u>Matière à poursuites</u>

Nous n'en sommes pas toujours conscients, mais ces comportements infantilisants peuvent entraîner des poursuites judiciaires. L'article 1 de la *Charte québécoise des droits et libertés* prévoit que «Tout être humain a droit à la vie, ainsi qu'à la sûreté, à l'intégrité et à la liberté de sa personne.» White (1987, p. 21) fait remarquer qu'«avant 1982, l'article

1 parlait d'*intégrité physique*» et qu' «en 1982, le législateur a décidé d'enlever le qualificatif *physique,* démontrant ainsi son intention de donner au mot *intégrité* un sens large».

L'auteur en conclut que «les menaces et le chantage, l'assaut verbal, la séquestration, l'abus d'autorité et la dévalorisation des personnes âgées seraient vraisemblablement considérées comme des atteintes à l'intégrité par nos tribunaux».

Par exemple, un bénéficiaire pourrait invoquer l'article 1 de la Charte contre un intervenant qui, après des avertissements répétés, continuerait à le tutoyer. Il en va de même pour les violations du droit à la vie privée, qui se trouve protégé par l'article 5 de la Charte. Certaines pratiques vont à l'encontre de ce droit, comme «des limites contraignantes des heures de visite, l'interdiction de personnaliser les lieux, la séparation des personnes en fonction de leur sexe, le non respect de son intimité au sujet de son hygiène personnelle, etc.» (White, 1987, p. 27).

Les responsables de ces pratiques, qu'ils soient intervenants, propriétaires ou administrateurs, pourraient donc être traduits en justice pour ces infractions.

La fréquence des abus

Il est difficile de compiler des statistiques fiables sur la fréquence des abus, d'une part parce qu'il n'y a pas de définition objective qui serait acceptée par tous, et d'autre part du fait qu'on ignore la proportion des cas rapportés par rapport aux cas réels.

De nombreux facteurs sont susceptibles d'empêcher la victime de porter plainte. Celle-ci estime souvent qu'il s'agit d'une *affaire de famille*, ce qui l'amène à refuser toute intervention extérieure. La victime peut aussi se sentir paralysée par la honte d'en être arrivée là avec ses propres enfants. Elle peut aussi se sentir coupable et juger qu'elle ne reçoit que ce qu'elle mérite. Il faut aussi compter avec la peur des représailles de la part de l'abuseur, de même que la peur d'être retirée de son foyer, et considérer aussi les obstacles culturels et linguistiques, ainsi que la démence éventuelle de la victime. Ces nombreux facteurs feraient en sorte que la majorité des cas ne seraient pas rapportés.

Le *Comité sénatorial spécial sur le vieillissement* (2007) résume comme suit la situation au pays:

> «L'Enquête sociale générale sur la victimisation menée en 1999 a révélé que 7% des adultes de 65 ans et plus ont indiqué avoir fait l'objet d'une certaine forme de violence émotive ou d'exploitation financière de la part d'un enfant adulte, de leur conjoint ou d'un fournisseur de soins au cours de la période de cinq ans précédant l'enquête. Dans la grande majorité des cas, cette violence a été exercée par le conjoint. Seule une faible proportion d'aînés (1 p. 100) ont déclaré avoir été victimes de violence physique ou sexuelle.» (p. 21)

À Montréal, une étude menée en 1993 auprès des usagers d'un programme de maintien à domicile du CLSC Notre-Dame-de-Grâce avait révélé des taux d'abus variant de 7,1 à 10,4% (Nahmiash, 2000, p. 198), ce qui corrobore les données du Comité sénatorial.

L'impact des abus

Plusieurs formes d'abus ont pour effet de miner l'estime de soi des victimes, affectant ainsi leur bien-être et leur satisfaction face à la vie. D'autres abus, qui les privent de leurs biens, peuvent aussi se répercuter sur leur bien-être.

Bien des formes d'abus ont aussi un impact direct sur la santé physique. Par exemple, une étude portant sur 842 femmes âgées résidant à domicile a trouvé que près de la moitié d'entre elles disaient avoir été victimes d'au moins une forme d'abus depuis l'âge de 55 ans, et que pour beaucoup d'entre elles, il s'agissait d'abus répétés et qui prenaient plusieurs formes.

Or, les problèmes de santé rapportés par ces femmes étaient plus nombreux que ceux des femmes n'ayant pas subi d'abus, qu'il s'agisse de problèmes aux os ou aux articulations, de problèmes de digestion, d'anxiété et de dépression, de douleurs chroniques, de problèmes cardiaques ou de haute tension artérielle (Fisher et Regan, 2006, p. 207). Dans une autre recherche, les usagers d'une ligne téléphonique pour personnes âgées victimes d'abus recouraient deux fois plus aux services de santé que la moyenne de la population âgée (Schonfeld et autres, 2006, p. 196). Les coûts physiques et affectifs pour les victimes d'abus se doublent donc de coûts économiques et sociaux pour l'ensemble de la société.

Les facteurs de risque

Les causes des atteintes à l'intégrité des personnes âgées sont multiples et complexes. Une spécialiste a répertorié plus d'une quarantaine de facteurs de risque, et elle en retient un certain nombre comme facteurs principaux (Nahmiash, 2000, p. 203-208). La présentation suivante s'inspire essentiellement de sa contribution, et accessoirement de quelques autres sources.

L'alcoolisme et la toxicomanie de l'abuseur. Sans expliquer tous les cas, la consommation d'alcool et de drogues de la part de l'abuseur se présente comme le facteur associé au plus grand nombre de situations.

La cohabitation avec l'agresseur. Quand l'agresseur n'est pas le conjoint, il s'agit habituellement du fils ou du gendre, puis de la fille ou de la bru.

L'isolement et le manque de soutien. L'isolement contribue au maintien du comportement abusif parce que la victime est privée de recours, et cette situation s'aggrave lorsque l'agresseur la menace de représailles si elle ose se plaindre à qui que ce soit.

Les problèmes cognitifs et comportementaux de la victime. Les personnes les plus à risque sont celles qui dépendent d'un proche pour leurs besoins de tous les jours, surtout lorsqu'elles ont des comportements difficiles à supporter, comme la confusion, l'agressivité, l'errance ou l'incontinence. Le stress entraîné par le rôle de soignant risquera alors d'amener ce dernier à poser des gestes abusifs à l'endroit de la personne dont il a la charge.

La co-dépendance. La victime et l'abuseur sont souvent tous les deux en perte d'autonomie et aux prises avec des symptômes dépressifs. Il se produit alors un chassé-croisé entre la relation soignant/soigné et la relation abuseur/victime.

Les antécédents de violence familiale. Enfin, les conjoints qui présentent un historique de violence conjugale sont susceptibles de continuer leurs comportements violents à la vieillesse.

Intervention et prévention

La responsabilité du dépistage revient en premier lieu au personnel des salles d'urgence, aux médecins de famille et aux intervenants engagés dans le maintien à domicile. Les proches qui n'habitent pas avec la personne âgée peuvent aussi être vigilants à ce niveau, de même que les policiers et les travailleurs communautaires.

Au plan des atteintes à l'intégrité physique, on sera particulièrement attentif aux symptômes qui ne sont pas facilement compatibles avec l'explication que la personne en donne, ou encore à sa résistance à verbaliser sur l'origine des marques qu'elle porte.

Voici une liste d'indices à cet effet, empruntés au Conseil consultatif national sur le troisième âge (2004) et à Gorbien et Eisenstein (2005, p. 287):

Violence physique: peur des soignants, blessures ou brûlures inexpliquées ou inhabituelles, retard à se faire soigner, tendance à changer de médecin, blessures au cuir chevelu, marques de cordes aux poignets et aux chevilles, abus de sédatifs.

Violence psychologique: peu d'estime de soi, confusion, tendances suicidaires, nervosité et évitement du contact visuel avec le soignant, peur de l'abandon, léthargie, isolement, tics nerveux et autres problèmes de comportement.

Abus sexuel: douleurs, démangeaisons, lésions ou saignements dans la zone génitale ou anale, maladie vénérienne, sous-vêtements déchirés ou tachés de sang.

Exploitation financière: disparition inexpliquée de biens, factures impayées, mauvaise connaissance de sa situation financière, modification soudaine du testament, manque du nécessaire, retrait inhabituel dans un compte de banque.

Négligence: malnutrition, déshydratation, vagabondage, chauffage et éclairage insuffisants, apparence négligée, manque d'hygiène, mauvais état de la peau ou marques d'alitement prolongé, problèmes médicaux non traités, abus d'alcool ou de médicaments, prothèses dentaires, lunettes et prothèses auditives manquantes.

Pour aller plus loin, il faut obtenir la collaboration de la victime, ce qui ne va pas toujours de soi. À moins d'être atteinte de démence et d'avoir été déclarée inapte, toute personne a en effet le droit de disposer d'elle-même, et donc de refuser tout traitement ou toute aide, même lorsque celle-ci est nettement requise (Hudson, 2002, p. 4090).

En présence d'un cas d'atteinte à l'intégrité, les intervenants ne disposent pas de multiples solutions. Puisque le stress est au moins un facteur précipitant, toutes les mesures visant à diminuer la pression sur la personne soutien constituent un premier niveau d'intervention: programmes de maintien à domicile, popote roulante, fréquentation de centres de jour, accès à des centres d'hébergement de 24 ou 48 heures permettant à la personne soutien d'avoir un peu de répit...

On peut également aider la personne soutien à mieux comprendre sa relation avec la personne âgée. Cette démarche pourra lui permettre de prévenir certaines de ses réactions hostiles à l'endroit du sujet âgé, et de mieux tenir compte des besoins de ce dernier, tout en respectant davantage ses propres limites sans se culpabiliser. Cette approche présente toutefois des limites car les abuseurs tendent à résister à s'engager dans une relation de coopération avec un intervenant.

Le modèle de l'appropriation du pouvoir

Nahmiash (2000, p. 208-213) propose une démarche d'appropriation du pouvoir en sept étapes. L'intervenant rencontre la personne abusée et vérifie si elle est motivée à prendre sa situation en main (1ère étape). Le cas échéant, il la rencontre à plusieurs reprises pour lui permettre de raconter son histoire et l'aider à en comprendre la dynamique. Si cela lui convient, elle peut aussi mettre son cheminement par écrit (2ème étape).

Ceci amène la personne abusée à faire une relecture de sa vie, lors de laquelle elle reverra ses expériences d'abus, y réagira affectivement et tentera de les mettre en perspective, pour arriver à la conclusion qu'ils sont inacceptables (3ème étape).

La personne est alors prête à passer à l'action. Elle rompt son isolement en créant des liens soutenants avec des personnes qui ont vécu des situations semblables, puis elle entreprend de changer sa situation, souvent en confrontant son abuseur. Dans certains cas, celui-ci accepte de faire lui-même partie d'un groupe d'aidants naturels violents (4ème étape).

Lorsque cela n'est pas possible, la personne abusée met en place des solutions alternatives: consigner par écrit les abus dans le but éventuel d'entreprendre des démarches judiciaires, changer les serrures du logement, faire déposer les chèques directement dans son compte… (5ème étape).

La personne est prête à se prévaloir des ressources du milieu: services de répit, groupes d'entraide (comme les Alcooliques Anonymes, les groupes d'entraide pour toxicomanes ou pour joueurs compulsifs). Elle peut également envisager une séparation ou un divorce (6ème étape).

La personne accède à une nouvelle image d'elle-même comme quelqu'un de valable, disposant de ressources et de droits. Elle apprend à penser à elle, à faire respecter ses limites, et à prendre la maîtrise de sa vie (7ème étape).

De l'avis même de son auteure, ce modèle comporte des limites et plusieurs femmes ne persévèrent pas à travers toutes ces étapes, surtout lorsqu'elles sont handicapées par leur état de santé physique ou mentale ou par une situation socioéconomique défavorable. Cette approche représente cependant un outil intéressant dont d'autres intervenants peuvent s'inspirer.

Les atteintes à l'intégrité en établissement

Les abus physiques en établissement sont davantage susceptibles de survenir lorsque les intervenants souffrent d'épuisement professionnel et lorsqu'ils sont eux-mêmes assaillis physiquement ou verbalement par les résidents. Dans les établissements québécois, un rapport sur les abus souligne que «l'alourdissement des clientèles, un personnel insuffisamment formé, l'uniformisation des services sont autant d'éléments (susceptibles de mener) à des situations déplorables».

On fait souvent état «de repas froids ou peu équilibrés, mais aussi du rythme accéléré auquel on nourrit les personnes. Les horaires des repas, tout comme ceux des couchers et des réveils, sont également considérés comme très pénalisants pour les personnes âgées.» On note aussi «l'enrégimentation et l'infantilisation, et certaines formes d'interpellation qui vont du manque de respect à l'assaut verbal» (XXX, 1989, p. 59-60).

La situation s'est-elle améliorée depuis? Une responsable des enquêtes à la Commission des droits de la personne a fait un résumé des dix-neuf dossiers touchant des personnes âgées qu'elle a eu à traiter (Leduc, 2003). La majorité des cas, soit treize dossiers, portaient sur l'exploitation financière. Cinq autres cas mettaient en cause la qualité des soins et le manque de surveillance et de sécurité, surtout dans des résidences privées, et un seul cas concernait la violence physique (mais dans ce dernier type de dossier, on peu présumer que les plaintes sont surtout adressées aux services de police).

Ce qui est à souligner dans le traitement de ces plaintes, c'est la collaboration efficace des CLSC, soit pour des services de maintien à domicile, d'évaluation des aptitudes de la personne âgée concernée, ou encore d'une réévaluation de son cas en vue d'une augmentation éventuelle des services offerts. D'autres instances sont également mises à contribution, comme le Curateur public, les Service d'incendie ou de police, les institutions bancaires et les responsables locaux des plaintes dans les établissements.

Une petite étude américaine auprès de personnes âgées ayant fait un séjour à l'hôpital, a fait ressortir qu'à certains moments, ces personnes s'étaient senties respectées et qu'à d'autres moments, elles s'étaient senties atteintes dans leur intégrité. Les variables en cause étaient notamment le fait qu'on leur demandait ou non la permission pour manipuler ou jeter des choses qui leur appartenaient; le fait qu'on leur demandait ou non la permission pour entrer dans leur chambre en frappant à la porte; et le fait qu'on respectait ou non leur intimité en procédant aux soins d'hygiène (Randers et autres, 2003, p. 294).

La manipulation négligente des objets appartenant à un résident âgé peut atteindre ce dernier dans son intégrité, car les objets auxquels il est attaché représentent souvent pour lui un sentiment de continuité avec sa vie passée, un sentiment de confort et de sécurité, un sentiment d'appartenance, et peut-être même le sentiment d'exercer une certaine maîtrise sur son environnement (Wapner et Demick, 2003, p. 77). C'est dire tout le respect que l'on doit manifester pour ces objets.

On peut conclure de tout ce qui précède que les codes de conduite à l'intention du personnel et les déclarations des droits des patients et des résidents témoignent d'une nouvelle culture, mais que leur respect au fil du quotidien requiert une vigilance de tous les instants.

Chapitre 15

VIVRE SES DEUILS ET CHEMINER VERS SA MORT

LES TÂCHES DE L'ENDEUILLÉ ET CELLES DU MOURANT

> *«Je m'ennuie d'elle comme si elle était morte hier.»*
> -Benoît, 87 ans

> *«Il faut que vous me donniez la permission de partir, sinon, je ne serai pas capable.»*
> -Robert, quelques instants avant son décès

> **Voici l'ordre du jour de ce chapitre. En première partie: l'expérience du deuil et ses facteurs de risque; les tâches de l'endeuillé et les indices d'un deuil compliqué. En seconde partie: le concept de mort appropriée et ses caractéristiques, suivi des tâches du mourant, de celles de ses proches et des tâches de l'intervenant. Ce chapitre sera complété par les Annexe 2: Un inventaire des réactions de deuil, et 3: Points de repère à l'intention des endeuillés.**

Selon Statistique Canada, il y avait au pays en 2006 plus de 1,250,000 veuves et plus de 300,000 veufs. Comme il s'agit en grande majorité de personnes âgées, c'est dire à quel point l'expérience du deuil est répandue dans leurs rangs.

Le deuil comme défi

Pour la plupart d'entre nous, la perte d'un proche a été ou sera l'une des expériences les plus éprouvantes de notre vie. Le deuil s'accompagne d'une panoplie de réactions, de perturbations et de symptômes. Il peut entraîner toutes sortes de conséquences sur la santé physique et mentale, et même contribuer à une mort prématurée (Hansson et Stroebe,

2007, p. 20). On trouvera à l'Annexe 2 un inventaire des multiples réactions normales au décès d'un proche.

Le décès d'un conjoint peut s'avérer particulièrement éprouvant pour une personne âgée, car l'impact affectif n'est pas le seul auquel elle doit faire face. Ce décès peut aussi avoir des conséquences sur sa sécurité financière et son niveau de vie, sur l'organisation concrète de sa vie, ainsi que sur la composition et l'efficacité de son réseau de soutien.

Mais la plupart des endeuillés s'en sortent relativement bien, y compris les plus âgés. Différentes études font en effet ressortir le fait qu'avec l'âge, les émotions perdent de leur intensité, que ce soit pour des raisons physiologiques ou parce que les personnes âgées ont appris à les maîtriser et les moduler de manière à éviter les extrêmes. Ce phénomène tendrait à limiter l'intensité et la durée des réactions associées au deuil (Hansson et Stroebe, 2007, p. 119-124).

De nombreuses recherches démontrent ainsi que si la perte du conjoint tend à entraîner une baisse significative du sentiment de bien-être, ce sentiment revient à son niveau antérieur au terme d'une période allant de un à deux ans (George, 2006, p. 324-325).

Les facteurs de risque

De multiples facteurs peuvent concourir à rendre le deuil plus exigeant. En voici quelques-uns.

1. Les facteurs de personnalité

Nous avons vu au chapitre 4 que les gens disposent d'une stabilité émotive plus ou moins grande. Les recherches démontrent dans l'ensemble que les sujets instables, anxieux et dotés d'une faible estime de soi tendent à avoir davantage de difficulté à s'ajuster à un deuil (Nolen-Hoeksema et Larson, 1999).

2. La proximité affective avec le défunt

Une étude a mis en évidence le fait que les survivants d'un mariage où existait une plus grande harmonie tendent à s'ennuyer du défunt davantage que les survivants d'un mariage classé comme conflictuel, et sont portés aussi à utiliser davantage de soins médicaux (Carr et autres, 2000).

3. Les facteurs concurrents de stress

Pour les endeuillés âgés, la principale forme de stress émane des soins dispensés au conjoint durant la maladie conduisant à sa mort. Lorsque le rôle de soignant n'a pas excédé les ressources du survivant, celui-ci émerge de l'expérience avec la conscience du devoir accompli et le sentiment de disposer des ressources nécessaires pour faire face d'une façon positive à son deuil.

Dans le cas contraire toutefois, le fardeau physique et émotif tend à se traduire après le décès par une plus grande difficulté à vivre son deuil et davantage de symptômes dépressifs (Hansson et Stroebe, 2007, p. 201-203).

4. La perception que la mort aurait pu être prévenue

Les survivants ont davantage de difficulté à se réconcilier avec la mort de leur proche s'ils estiment que celle-ci aurait pu être prévenue ou retardée. Par exemple, on a observé davantage de colère chez des endeuillés qui attribuaient la responsabilité du décès de leur proche à une négligence importante de la part du personnel soignant (Carr, 2003).

5. La disponibilité du soutien

Pour les personnes âgées, les membres de la famille apportent de l'aide dans des situations précises en même temps qu'ils entretiennent un sentiment de sécurité et d'appartenance. En revanche, c'est surtout auprès de leurs amis que les gens âgés trouvent leurs confidents et leurs compagnons d'activités, et ceci semble s'appliquer aussi à leur parcours de deuil (Balaswamy et Richardson, 2001).

Le deuil comme ensemble de tâches

On était autrefois porté à concevoir le deuil à partir du modèle médical, c'est-à-dire comme une maladie dont on finissait par se remettre. Après une phase aigue, l'endeuillé commençait sa convalescence puis il évoluait vers le rétablissement complet.

Le deuil apparaissait ainsi comme un processus qui se déroulait en étapes que l'endeuillé traversait plus ou moins passivement. Cette approche par les stades est de plus en plus critiquée, notamment parce qu'elle ne permet pas de rendre compte de la diversité des réponses de l'endeuillé (Silverman et Prigerson, 2002, p. 125).

Attig (2004, p. 358-359) résume ces critiques et formule ainsi la nouvelle façon de voir:

> «On n'évolue pas passivement à travers une succession de stades ou de phases, mais on s'engage plutôt dans un travail de deuil. Celui-ci est essentiellement une question d'apprendre à vivre de nouveau d'une façon signifiante, ce qui implique que l'on se confronte à des tâches précises.»

Plusieurs spécialistes ont été associés à cette approche par les tâches, dont Worden (1991, 2002), Rando (1993) et Attig (1991, 1996, 2000). C'est en bonne partie sous leur inspiration que nous avons préparé la description des tâches suivantes.

1. Reconnaître la perte

L'endeuillé doit commencer par se situer dans la réalité du décès. Il doit se faire une idée précise et exacte des facteurs qui ont entraîné la mort et des circonstances qui l'ont entourée. Ceci devrait lui permettre de diminuer son anxiété et sa confusion.

2. Réagir à la séparation

Il doit se permettre d'éprouver la douleur de la séparation, c'est-à-dire sentir, identifier, accepter et exprimer toutes et chacune des émotions reliées à la perte. On pense au fait d'éprouver de la colère, de la détresse ou de se sentir coupable, par exemple.

3. Revivre sa relation avec le défunt

L'endeuillé doit se remémorer sa relation avec le défunt, avec ses hauts et ses bas, ses aspects positifs et ses aspects négatifs, et revivre les sentiments associés à cette relation. D'une fois à l'autre, ces sentiments vont perdre un peu de leur intensité, et l'endeuillé va passer de la présence physique au souvenir douloureux, puis du souvenir douloureux au souvenir confortable.

Cette démarche peut se faire à l'aide de souvenirs tangibles reliés au défunt, comme des photos et des lettres, et aussi en échangeant des souvenirs avec les personnes qui l'ont connu (Boerner et Heckhausen, 2003, p. 205).

4. Développer une nouvelle relation avec le défunt

L'endeuillé doit laisser aller l'univers qui a cessé d'exister avec la mort de l'être cher, et renoncer à ses habitudes reliées au défunt, comme de mettre un couvert à table pour lui ou de composer son numéro de téléphone pour se confier à lui. Il doit ainsi trouver des façons de satisfaire les besoins qui étaient autrefois satisfaits par le défunt (Hansson et Stroebe, 2007, p. 37).

Si la mort n'est pas niée et que le survivant s'investit dans la vie qui continue, il n'y a rien de malsain à ce qu'il garde un lien avec le défunt. Ce lien peut se manifester de multiples façons, comme de se sentir influencé par le défunt, d'entretenir son souvenir, de lui demander son aide, de prier pour lui, de visiter sa tombe, de conserver des photos ou des objets lui ayant appartenu...

L'approche par les tâches ne vise pas à imposer des obligations arbitraires à l'endeuillé, mais elle est plutôt destinée à lui donner des points de repère pour l'aider à relever les défis qui l'attendent. Malgré les nombreux *doit* qui parsèment les paragraphes précédents, l'endeuillé dispose de beaucoup de latitude pour négocier ces tâches à son rythme et à sa façon (Ott et Lueger, 2002, p. 407.

En revanche, cette énumération des tâches n'enlève rien au caractère souvent long, pénible et imprévisible du parcours du deuil (Tedeschi et Calhoun, 2006, p. 113) et on admet de plus en plus que dans bien des cas, on ne s'en remettra jamais tout à fait et qu'on devra apprendre à vivre avec sa perte, qui s'accompagnera toujours d'un peu de tristesse (Balk, 2004, p. 362-363).

On trouvera à l'Annexe 3 une série de conseils destinés à aider les endeuillés à progresser dans leur deuil.

Indices d'un deuil compliqué

Nous terminerons par une liste d'indices permettant de repérer les endeuillés en difficulté qui requièrent une aide professionnelle. Ces indices correspondent aux symptômes d'un deuil compliqué et nous les empruntons à Rando (1993, p. 152-154) et à Prigerson et Maciejewski (2005-2006, p. 12).

1. Grande sensibilité aux expériences de perte et de séparation et anxiété élevée en rapport à sa propre mort ou à celle de ses proches.

2. Hyperactivité visant à éviter l'émergence d'idées ou de sentiments réprimés.

3. Idéalisation excessive et persistante du défunt.

4. Pensées intrusives reliées au défunt, ennui intense et recherche du défunt.

5. Sentiment d'engourdissement et incapacité d'éprouver les émotions typiques du deuil.

6. Peur de l'intimité et relations interpersonnelles perturbées.

7. Problèmes de comportement pouvant inclure la dépendance à l'alcool ou à des drogues.

8. Présence persistante de colère, d'irritabilité et de sentiments dépressifs.

9. Sentiment que son univers s'est écroulé et qu'on n'a pas de prise sur ce qui arrive.

Ces indices s'apparentent beaucoup aux réactions d'un deuil normal, et c'est leur persistance qui rend le deuil problématique. Les endeuillés qui manifestent plusieurs de ces symptômes plus d'un an après le décès ont besoin d'un accompagnement spécialisé et il faut les aider à s'en prévaloir.

La mort appropriée

Le psychiatre américain Avery Weisman (1971, 1993), qui a consacré sa carrière à l'étude de la mort, a inventé l'expression *mort appropriée* pour désigner les facteurs qui contribuent à rendre la mort plus acceptable, à la fois pour le mourant et pour ses proches. Ce concept a marqué un tournant, car il a encouragé tous les acteurs impliqués, mourant, famille et soignants, à faire en sorte que la mort soit pour chacun d'eux une expérience la plus humaine possible.

La diffusion de ce concept a encouragé à concevoir la mort non seulement comme une fatalité, mais aussi comme une expérience sur laquelle on peut exercer un certain contrôle. Plus récemment, Carr (2003) a formulé comme suit les caractéristiques d'une mort appropriée en fonction des personnes âgées:

1. Le fait pour le mourant d'être en paix avec la perspective de sa mort.
2. Le fait que ses souffrances étaient contrôlées.
3. Le fait que la mort survienne au bon moment.
4. La qualité de sa relation avec son conjoint ou sa conjointe.
5. Le fait de mourir chez lui plutôt qu'en établissement.
6. Le fait que les soins n'excèdent pas les ressources des proches.
7. Le fait qu'il ait eu la chance d'avoir une vie bien remplie.

Nous ajoutons à cette liste:

8. Le fait que le mourant ait mis ses affaires matérielles en ordre.
9. Le fait qu'il ait fait ses adieux à ses proches.

Le fait que la mort survienne au bon moment représente un équilibre entre une mort subite ou rapide qui peut empêcher le mourant de s'acquitter d'un certain nombre de ses tâches, et une mort qui survient après un long délai, ce qui peut entraîner davantage de souffrance et d'indignité pour le mourant, et un stress excessif pour les proches.

Il faut nuancer la cinquième caractéristique portant sur la mort à domicile, car celle-ci peut entraîner des coûts élevés pour les proches, en particulier pour le conjoint âgé. Par exemple, le mourant peut être en proie à des douleurs insupportables, incapable de se nourrir ou de boire, s'étouffer, vomir à répétition, être incontinent, confus… Dans de tels cas, il est plus approprié que la mort survienne en établissement.

Des recherches montrent que les soignants aux prises avec de telles situations sont à risque de dépression (Prigerson et autres, 2003) ou de symptômes de stress post-traumatique (Elklit et O'Connor, 2005). Cela donne à réfléchir.

Les tâches du mourant

Ces indicateurs permettent de traduire la mort appropriée en un certain nombre de tâches à l'intention du mourant. On pourrait objecter que ce dernier a bien assez de mourir et qu'on n'a pas à lui imposer des *devoirs* en plus. Mais le concept de tâches permet aux proches et aux intervenants d'avoir une prise sur les caractéristiques de la mort appropriée, ce qui est de nature à favoriser le parcours du mourant ainsi que celui des survivants après le décès.

De plus, la sensibilité actuelle favorise la prise en charge et le respect des droits de chacun, ce qu'évoque bien le terme d'*empowerment* ou d'appropriation du pouvoir. Kaufman (2002, p. 315) écrit en ce sens:

> «Ce qui caractérise de nos jours le processus du mourir, c'est qu'il peut jusqu'à un certain point être contrôlé et négocié en fonction des préférences du mourant, des exigences et des possibilités technologiques offertes par les environnements médicaux, et des préférences de la famille.»

On retiendra deux choses de cette réflexion. D'abord, le caractère relatif du contrôle que l'on peut exercer sur le parcours du mourir. L'auteur écrit: «jusqu'à un certain point», ce qui évoque les nombreux impondérables découlant aussi bien de la nature des symptômes et de l'évolution de la maladie que des contraintes organisationnelles, sans oublier la dynamique familiale du mourant. On retiendra aussi le fait que les volontés du mourant s'inscrivent dans un contexte plus large où d'autres acteurs sont impliqués, d'où la notion de partage du pouvoir et de négociation.

Venons-en maintenant à la formulation de ces tâches du mourant.

1. Accepter le fait qu'il va mourir. Il s'agit dans un premier temps d'admettre cognitivement la réalité de l'imminence de son décès, et ensuite de s'ajuster affectivement à cette réalité, au moins d'une façon relative.

Ceci implique que le mourant ne soit pas en négation totale. Par exemple, s'il est en phase terminale mais qu'il se montre convaincu qu'il va guérir et aller jouer au golf dans deux mois, il ne sera évidemment pas motivé à s'investir dans ses différentes tâches.

À ce propos, on ne peut présumer de rien. Dans une étude auprès de dix personnes âgées en phase terminale, Laakkonen et autres (2004, p. 125) ont trouvé que la mort demeurait pour la plupart d'entre elles une lointaine abstraction. Or, ces patients avaient justement été référés pour l'étude parce qu'on avait jugé qu'ils se savaient en phase terminale et qu'on les percevait à l'aise d'en parler. Les auteurs de l'étude citent d'autres recherches suivant lesquelles la conscience de la mort demeure limitée même chez les mourants qui se trouvent dans des unités de soins palliatifs. Le mourant a donc souvent besoin d'être aidé délicatement à cheminer à son rythme dans la prise de conscience de son état et dans l'ajustement à cette réalité.

2. Mettre de l'ordre dans ses affaires financières et juridiques, notamment par un testament à jour et clair, un mandat en cas d'inaptitude et un testament biologique.

Certaines personnes meurent en laissant des successions qui sont des fouillis, qui coûteront des fortunes en honoraires de spécialistes, et qui prendront des années à se régler. D'autres successions non planifiées se règlent sans fracas apparent, mais en lésant certains proches du défunt, ou en dressant pour longtemps les survivants les uns contre les autres. Un homme a laissé sa veuve dans l'insécurité financière jusqu'à ce qu'on trouve, dix ans plus tard, plusieurs dizaines de milliers de dollars d'obligations qu'il avait cachées à l'époque *en lieu sûr.*

Une mort appropriée est une mort qui est vécue dans le respect de ses proches, et ce respect implique que, sans tomber dans l'obsession, le sujet ait pris les dispositions nécessaires pour éviter à ses survivants les ennuis décrits plus haut.

3. Prévoir l'avenir immédiat, en concertation avec les proches: soins à recevoir, endroit où l'on souhaite mourir, personnes à contacter…

Nous avons dit un mot plus haut sur la mort à domicile versus la mort en établissement. Mais il y a d'autres enjeux aussi, et bien des personnes meurent dans des circonstances qui ne reflètent pas leurs préférences (Pinquart et Sorensen, 2002, p. 70). Dans ce sens, on peut les aider à préciser les soins qu'ils souhaitent recevoir et ceux dont ils ne veulent pas, le genre de funérailles qu'ils désirent (religieuses ou non, etc.), les personnes qu'ils aimeraient voir à leur chevet, etc.

4. Revoir sa vie et intégrer les expériences non finies.

Le pionnier des études sur la relecture de vie affirme ceci (Butler, 2002, p. 791):

> «La relecture de vie peut offrir au mourant une validation de la vie qu'il a vécue en même temps qu'une façon de faire ses adieux à ses proches. Cette relecture d'une existence qui arrive à son terme peut paradoxalement s'avérer une démarche d'affirmation de la vie en même temps que d'appréciation du moment présent.»

Le chapitre 11 nous a permis de nous familiariser avec ce phénomène majeur ainsi qu'avec ses enjeux.

5. Faire ses adieux.

Dire un dernier au revoir est la meilleure façon de terminer une relation. Par ce geste, le mourant exprime que la personne est importante pour lui, qu'il éprouve pour elle du respect et de l'affection. Le dernier au revoir n'a pas nécessairement lieu juste avant le décès, et il prend souvent la forme d'allusions voilées à cette ultime séparation plutôt que celle d'un adieu formel. Le mourant peut profiter d'une conversation apparemment anodine avec un de ses proches pour lui exprimer son affection, et ce n'est parfois qu'après coup que celui-ci découvrira la signification latente de cette dernière rencontre.

Lors de la dernière visite de sa mère en établissement, un homme rapporte ainsi qu'il eut avec elle «une magnifique conversation» lors de laquelle elle exprima son amour pour chaque membre de sa famille. «Au moment de partir, maman me demanda de l'embrasser. En sortant de l'établissement, je sentis les larmes couler sur mes joues. En y repensant, j'ai l'impression que je savais, moi aussi, que cet au revoir était le dernier.» (Angel, 1987, p. 60; voir aussi Bourgeois et Johnson, 2004).

Une telle expérience aide le mourant à partir en paix et inspire également aux survivants un sentiment de paix et de gratitude, ce qui tendra à faciliter leur deuil. Une recherche menée auprès de 85 sujets endeuillés a ainsi conclu qu'avoir fait ses adieux au mourant était un facteur d'adaptation pour les survivants (Gamino et autres, 2000, p. 655).

En revanche, il se produit bien des au revoir manqués, surtout lorsque le mourant et ses proches se sont installés dans une conspiration du silence entourant la mort. Lorsque les adieux n'ont pas été faits, les survivants pourront les faire d'une façon symbolique par la suite, dans le contexte de leur démarche de deuil, par exemple en écrivant une lettre d'adieu posthume.

La cérémonie des funérailles permet aussi aux proches de faire leurs adieux à leur être cher, surtout via des témoignages personnalisés. Il arrive aussi que le mourant ait écrit un message qui sera lu à ce moment.

Les tâches des proches

Les proches aussi ont leurs tâches à accomplir. En voici une brève énumération.

1. Faire face à la réalité de la perte et s'y ajuster.

2. Identifier les pertes antérieures réactivées par les pertes présentes et y faire face.

3. Aider le mourant à progresser dans ses propres tâches.

4. Demeurer engagés tout en restant conscients de leurs besoins et limites personnelles ainsi que des exigences de leurs autres rôles: conjoint, parent, travailleur...

5. S'ajuster aux changements de rôles provoqués par le déclin du mourant: un conjoint doit par exemple réorganiser les tâches qui étaient jusqu'ici assumées par le conjoint mourant.

6. Trouver l'équilibre entre profiter du temps limité qui reste pour vivre des choses significatives avec le mourant, et se contenter d'accueillir ce qui se passe sans rien forcer.

7. Se faire une image signifiante du mourant, en fixant dans leur mémoire une scène particulièrement touchante ou un détail significatif, comme un de ses sourires, une des ses paroles ou un de ses gestes.

8. Terminer les choses non finies. Ceci prend souvent la forme d'un pardon que l'on demande ou que l'on donne: «Je sais que je n'ai pas toujours été à la hauteur, mais je t'ai beaucoup aimée». «Ça n'a pas toujours été facile entre nous, mais je vais toujours garder un bon souvenir de toi.»

9. Faire ses adieux au mourant et lui donner la permission de mourir. Les paroles qui précèdent constituent des façons simples de faire ses adieux, et ceux-ci représentent toujours une permission qui lui est faite de mourir. À l'inverse, il arrive que des proches s'accrochent au mourant comme pour le retenir.

Rappelons-nous la demande du mourant reproduite au début du chapitre: «Il faut que vous me donniez la permission de partir, sinon, je ne serai pas capable.» Il arrive que le mourant décède peu de temps après que ses proches lui aient donné la permission de mourir. S'agit-il d'une coïncidence? Chose certaine, cette démarche est de nature à favoriser la détente du mourant et l'harmonie entre lui et ses proches.

Les tâches de l'intervenant

En plus de ses fonctions spécifiques au plan de la dispensation des soins, l'intervenant a aussi des tâches au plan de l'accompagnement. En voici quelques-unes, à titre de points de repère.

1. Faire face à ses propres émotions provoquées par le cheminement du mourant.

2. Trouver son équilibre entre l'implication et une certaine distance émotive.

3. Aider le mourant et les proches à s'acquitter au mieux de leurs tâches respectives. En particulier, aider les proches à faire face à leurs peurs, leur peine, leur colère et leur culpabilité et à avoir une communication vraie avec le mourant.

4. Aider les proches à reconnaître que la fin est imminente et à faire leurs adieux au mourant, au besoin en servant soi-même de modèle.

5. Demeurer en contact avec ses limites personnelles, en étant capable de dire: «Je ne sais pas», «Je ne suis pas capable», «Ça n'est pas possible pour moi».

Pour une présentation plus élaborée de différents thèmes reliés à la mort et au deuil, on pourra consulter *Psychologie du mourir et du deuil* (Hétu, 1994).

Chapitre 16

RELEVER LE DÉFI DE LA QUÊTE DE SENS

RELIGION, SANTÉ MENTALE ET MATURATION SPIRITUELLE

> *«En un instant, les morts ressusciteront.»*
> -Apôtre Paul, 1 Co 15, 52

> *«La sagesse est de réaliser que la vie est un périple dont la signification réside dans le voyage et non pas dans la destination.»*
> -A. Lowen, 1983, p. 232

Dans ce chapitre, nous nous demanderons si on devient plus religieux en vieillissant, et nous explorerons le lien entre l'implication religieuse et la santé physique et mentale. Nous nous pencherons ensuite sur un profil de la maturation spirituelle, avant de terminer sur un témoignage biblique sur la condition humaine, qui nous amènera à conclure à la diversité des parcours religieux et spirituels.

On rapporte qu'à son quatre-vingtième anniversaire, John Q. Adams, ancien président des États-Unis et chrétien fervent, répondait ce qui suit à quelqu'un qui prenait de ses nouvelles.

«John Adams va bien. Mais la maison dans laquelle il habite présentement donne de plus en plus de signes d'avaries. Elle tremble sur ses fondations. Le temps et les saisons l'ont presque détruite. Ses murs se lézardent et elle tremble à chaque mot. Je pense que John Adams va devoir déménager d'ici. Mais lui-même se porte bien, tout à fait bien.»

Cet homme était en train de s'acquitter de l'une des ultimes tâches *développementales* à la vieillesse, qui est de faire face sereinement à la perspective de sa mort. Dans le modèle d'Erikson que l'on a vu au chapitre 5, il en était au huitième enjeu, soit de se situer face à l'ensemble de sa vie et de parvenir au sentiment de son intégrité personnelle face à sa dissolution prochaine. Pour ce faire, il utilisait ses croyances religieuses en l'immortalité ou en la résurrection, ce qui avait pour effet de consolider son sentiment de bien-être et d'espoir.

Une autre approche ferait ressortir les mécanismes de défense qui sont à l'œuvre ici, soit la dissociation face à son corps («je ne suis pas mon corps»), la négation («ce qui m'arrive n'est pas grave») et l'intellectualisation («je suis immortel» ou «je vais ressusciter»).

Ce témoignage met ainsi en lumière l'ambiguïté des croyances religieuses, que certains voient comme favorisant la santé mentale tandis que d'autres les interprètent comme une manœuvre destinée à contrôler l'anxiété face aux aléas de la vie et surtout face à la question de la mort.

Or, il semble bien que l'on devienne plus religieux en vieillissant. Manoeuvre défensive face à l'anxiété de la mort ou processus de maturation? Tentons d'y voir plus clair.

Devient-on plus religieux en vieillissant ?

Comme on l'a noté au chapitres trois sur la théorie du désengagement, des chercheurs ont observé que les sujets qui entament les dernières décennies de leur vie deviennent plus portés à l'introspection et plus tournés vers l'intériorité (Johnson et Barer, 2003).

D'autres affirment que «des données longitudinales recueillies auprès de cohortes multiples suggèrent que quelle que soit la cohorte, les gens deviennent typiquement davantage religieux ou spirituels en vieillissant» (Aldwin et autres, 2006, p. 96), bien que ce ne soit pas le fait de chaque individu en particulier (voir aussi Idler, 2006, p. 284-285).

Un autre analyste conclut ceci:

> «L'explication la plus plausible pour les plus hauts niveaux de religiosité observés chez les personnes âgées est la présence d'un effet réel du vieillissement. Cela implique une tendance vers davantage de religiosité à travers le cycle de vie, et donc davantage de réflexion sur les questions essentielles à mesure qu'on avance en âge.» (Levin, 2002, p. 1178)

Ces données proviennent d'études américaines, qui mettent aussi en évidence des facteurs sociodémographiques, la religion tendant à être associée, en plus de l'âge, à une plus grande scolarité, à un revenu plus élevé, au fait d'être marié et de sexe féminin, et au fait d'habiter la partie sud des États-Unis. Incidemment, ces données contredisent le stéréotype qui associe la religion au fait d'être noir, pauvre et peu éduqué (Levin, 2002, p. 1179).

Au Québec aussi, la religion est un phénomène important, 83,2% des gens se disant catholiques et seulement 5,6% se déclarant sans religion (données de 2001).

Le lien entre l'implication religieuse et la santé

> «Près de 850 recherches ont examiné le lien entre l'implication religieuse et des indicateurs de la santé mentale, et la vaste majorité ont trouvé que l'implication religieuse est effectivement associée à un plus grand bien-être et à une plus grande satisfaction face à la vie, à un sentiment plus fort d'avoir des buts dans l'existence et au sentiment que la vie a un sens, à davantage d'espoir et d'optimisme, à moins d'anxiété et de dépression, à des mariages plus stables et à moins d'abus de drogues.» (Crowther et autres, 2002, p. 616)

Ces auteurs évoquent également plusieurs études qui tendent à démontrer que l'implication religieuse serait aussi associée à différents indicateurs de la santé physique. Levin (2002, p. 1177-1179) estime que de ces études sont «très convaincantes» et il ajoute que «dans ses manifestations publiques autant que dans ses comportements privés, la religion semble s'avérer un facteur de protection contre la maladie et favoriser la longévité» (voir Powell et autres, 2003, p. 48 et Aldwin et autres, 2006, p. 96-97).

Jetons un coup d'œil aux principales façons dont la religion peut être associée à la santé.

Les mécanismes d'adaptation

D'entrée de jeu, il est facile de concevoir que la religion offre un sens à la vie. Or, «il est de mieux en mieux établi que le sens à la vie est un prédicteur fiable du sentiment de bien-être» (George, 2006, p.328).

La religion permet non seulement d'attribuer un sens à l'aventure humaine en général (comme les fait que les humains sont venus de Dieu et retournent à Dieu), mais aussi à la souffrance (comme purification, épreuve, expiation) et, bien sûr, à la mort (conçue comme un accès à la béatitude éternelle).

Les gens plus religieux se sentent plus proches de Dieu, ce qui serait de nature à les rendre davantage optimistes. Or, l'optimisme est relié à une meilleure santé (Krause, 2006b, p. 507).

Quant à la prière, elle permettrait de mieux composer avec le stress (Pargament, 1997) et d'induire un état de détente incluant un ralentissement du métabolisme et du rythme cardiaque ainsi qu'une baisse de la tension artérielle (Benson, 1996).

Enfin, la prière communautaire amènerait les gens à se sentir reliés aux autres, réduisant d'autant leur sentiment d'isolement. Or, de nombreuses recherches associent l'isolement social et le fait d'avoir une mauvaise santé (Cohen, 2004).

Le contrôle social

Par ses enseignements en matière de morale, la religion contribuerait à réduire ou éliminer des comportements qui sont associés aux causes fréquentes de mortalité. Pensons par exemple à la morale sexuelle, aux attitudes face à l'alcool et la drogue, au respect du corps que Dieu nous a «prêté» et que l'on peut manifester par de saines habitudes de vie (Idler, 2006, p. 291).

Le soutien social

Les réseaux de soutien des croyants pratiquants seraient mieux garnis, de par leur participation aux différentes activités de culte et autres (Nooney et Woodrum, 2002). En plus des apports habituels des réseaux, les gens impliqués dans leur religion auraient davantage de modèles pour façonner leur moi idéal, notamment à partir de le la vie et des enseignements des grandes figures religieuses.

Les valeurs religieuses leur offriraient aussi des buts à poursuivre. Or, le fait d'avoir des buts exaltants contribue à donner un sens à l'existence, stimule l'espoir et entretient l'optimisme, ce qui se répercuterait sur la santé mentale aussi bien que physique, notamment par la stimulation du système immunitaire (Ryff et Singer, 1998).

La religion est un phénomène complexe, et le concept de santé est lui-même constitué de composantes multiples. Le rapport entre les deux n'est donc pas toujours facile à saisir. Les précisions et les hypothèses qui précèdent devraient toutefois nous aider à poser d'une façon au moins sommaire la problématique des relations entre les deux.

La maturation spirituelle

Nous avons parlé au chapitre trois de Tornstam, ce sociologue suédois qui a tenté de cerner les changements susceptibles de survenir à la vieillesse dans la façon de se percevoir et de voir la vie. Après avoir fait une recherche qualitative auprès de 50 sujets suédois âgés de 52 à 97 ans, celui-ci a soumis un questionnaire à un échantillon contrôlé de 912 Danois âgés de 74 à 100 ans, puis à un échantillon contrôlé de 2,002 Suédois âgés de 20 à 85 ans (Tornstam, 2000, p. 11). Le chercheur a observé ce qu'il interprète comme «un processus naturel de maturation» chez la personne vieillissante, phénomène qu'il a baptisé *gérotranscendance* et dont voici les principaux contours.

-Un besoin accru de «philosopher en solitaire», ce qui entraîne une sélection judicieuse de nos activités et de nos relations.

-Une confrontation à nous-mêmes qui permet de découvrir aussi bien les ombres que les lumières de notre personnalité, et qui nous amène à réaliser aussi que les morceaux épars de notre vie forment un tout.

-Un dépassement des frontières entre le passé et le présent, qui nous amène à nous sentir reliés aux générations passées.

-Une nouvelle compréhension de la réalité vie/mort, qui amène à ne plus nous considérer comme particulièrement importants en tant qu'individus séparés mais à nous percevoir comme faisant simplement partie du courant de la vie.

-L'acceptation de la dimension mystérieuse de la vie.

-Le fait de nous sentir en paix, dans une harmonie plus profonde avec nous-mêmes.

-La conscience que l'abondance matérielle peut nous paralyser et la découverte de la liberté de la simplicité volontaire (modern ascetism).

-Le dépassement des catégories bien/mal, que l'on a plus de difficulté à utiliser, ce qui nous amène à moins recourir à des jugements globaux et à manifester davantage de compassion envers autrui.

Le sociologue Robert Atchley souscrit à ces conclusions, et les commente comme suit:

> «Au seuil de la vieillesse, bien des gens s'aperçoivent qu'ils délaissent la compétition pour l'affiliation et la centration sur eux-mêmes au profit de la préoccupation pour les générations qui suivent. (…) Si le matérialisme et la réussite sociale ne réussissent pas à donner un sens à leur vie, où pourront-ils le trouver? Ce type de questionnement qui devient plus saillant peut alors contribuer à les lancer dans une quête intérieure de sens, et donc dans un cheminement spirituel.» (Atchley, 2002, p. 1327)

Cette quête de sens ne va pas sans remises en question. Gordon Allport, un des pionniers de la psychologie de la religion, disait il y a longtemps que pour un croyant parvenu à la maturité, la foi est «habituellement façonnée dans l'atelier du doute», qu'elle est pour lui son «hypothèse de travail», et que ce croyant est «souvent plus près qu'on pense de l'agnostique» (1950, p. 81-83). Cette approche rejoint la position de Staudinger (2002, p. 1504), pour qui la sagesse implique notamment «une dynamique entre la connaissance et le doute et un détachement suffisant par rapport à la question considérée».

Ceci nous ramène aux personnages à qui nous avons donné la parole en ouvrant ce chapitre, soit Monsieur Adams qui se montre convaincu de la vie après la mort, et le psychiatre Lowen, pour qui le sens de la vie se trouve de ce côté-ci de l'aventure humaine, et non pas de l'autre côté.

Quelle que soit la position retenue, adoptons l'hypothèse selon laquelle la maturation spirituelle contribue à dédramatiser la question, du moins à la lumière du profil esquissé par Tornstam. Souvenons-nous que ce profil fait état d'«une nouvelle compréhension de la réalité vie-mort, qui amène à ne plus nous considérer comme particulièrement importants en tant qu'individus séparés mais à nous percevoir comme faisant simplement partie du courant de la vie».

Et de fait, dans un vieux sondage scientifique auprès de 2,000 répondants, 19% des catholiques québécois disaient croire que l'on se réincarne, tandis que 18% disaient croire que «tout se termine à la mort» (Le Devoir, 8 sept. 1984), ce qui laisse entendre qu'au fil de leur cheminement, bien des croyants en viennent à remettre en question certains aspects de la doctrine chrétienne jusqu'ici considérés comme centraux.

Le témoignage de John Adams cité en début de chapitre illustre bien le fait que face à la perspective de la mort, le sentiment de continuité joue un rôle central dans le maintien de l'identité, et donc dans la conscience de son intégrité personnelle.

Mais face à la finitude humaine, ce sentiment de continuité peut aller au-delà de la croyance en l'immortalité personnelle pour s'ancrer dans la continuité de la planète et de l'univers, dans la solidarité avec les générations qui suivent (Shmotkin et Eyal, 2003, p. 263). Ce sentiment peut aussi s'accompagner de gratitude pour avoir eu le privilège de vivre et de penser, d'aimer et de travailler, ne fût-ce que l'espace de quelques décennies.

Un témoignage biblique sur le cycle de vie

Un écrit de l'Ancien Testament situe bien ce bref périple humain dans la perspective du cycle de vie.

> Réjouis-toi, jeune homme, dans ta jeunesse.
> Suis les voies de ton cœur
> et les désirs de tes yeux.
>
> Mais sache que la jeunesse et l'âge de tes cheveux noirs
> sont éphémères.
>
> Et souviens-toi de ton Créateur
> avant que viennent les mauvais jours
> et les années dont tu diras: Je ne les aime pas.
>
> Au jour où se courbent les hommes vigoureux,
> où les femmes cessent de moudre.
> Et l'amandier est en fleurs
> et le câprier donne son fruit.

> Avant que le fil d'argent lâche,
> que la lampe d'or se brise,
> que la jarre se casse à la fontaine,
> que la poulie se rompe au puits,
>
> et que la poussière retourne à la terre comme elle en vint
> et le souffle, à Dieu qui l'a donné.
>
> Livre de Qohélet (ou Livre de l'Ecclésiaste), 11,7-12,7.

Ce petit livre biblique se présente comme la réflexion d'un homme qui jette un regard sur son parcours de vie, («J'ai vu grand, j'ai accumulé, je n'ai rien refusé à mes yeux») et qui, constatant la limite des biens matériels, recommande plutôt les plaisirs simples de la vie: «Va manger ton pain dans la joie, boire d'un cœur heureux ton vin, vivre ta vie avec la femme que tu aimes. Ce sont là des dons de Dieu.»

Et après avoir suivi «les voies de son cœur», ce texte invite au détachement, le moment venu, dans le consentement à la condition humaine: «Il y a un temps pour tout, un temps pour rire et un temps pour pleurer, un temps pour naître et un temps pour mourir...», même si l'on doit mourir au temps où «l'amandier est en fleurs» (on pense à la chanson de Brel: «C'est dur de mourir au printemps, tu sais»).

Le texte affirme qu'à la mort, notre corps est recyclé dans la nature, tandis que notre énergie spirituelle se disperse elle aussi (c'est le sens premier de l'expression «le souffle retourne à Dieu qui l'a donné»).

Mais à la lumière des écrits du Nouveau Testament, beaucoup de croyants assimilent ce souffle à l'âme, qu'ils estiment créée immortelle, ou du moins destinée à ressusciter avec le corps pour une poursuite mystérieuse de la vie dans l'au-delà.

Cette croyance est-elle assimilable à la «manœuvre défensive» dont nous parlions en début de chapitre? Est-elle le reflet de notre difficulté à accepter la condition humaine dans toutes ses implications, et en particulier de notre grande difficulté à penser l'impensable et à nous concevoir mortels?

Les critiques des psychologues et des philosophes ne peuvent rayer d'un trait l'expérience spirituelle telle que vécue durant des millénaires dans les grandes traditions religieuses. Par ailleurs, à l'échelle individuelle, la maturation spirituelle ne peut survenir qu'au prix d'un long corps à corps avec ses propres questionnements.

Pour le reste, la pluralité des parcours du vieillissement, que nous avons évoquée à maintes reprises dans les chapitres qui précèdent se traduira aussi par une diversité des sensibilités et des parcours spirituels. Une recherche menée auprès de quinze musulmans de nationalité turque a ainsi mené à la conclusion que les sujets qui manifestaient le profil de maturation spirituelle que nous avons esquissé plus haut (profil de *gérotranscendance*) rapportaient des niveaux élevés de satisfaction face à la vie, tandis que d'autres sujets qui ne manifestaient pas ce profil se disaient néanmoins eux aussi très satisfaits de leur vie (Thomas, 2001, p. 225-226).

La religion et la spiritualité sont reliées de diverses façons à la maturation et au vieillissement optimal, mais il semble que bien des gens s'en passent sans pour autant s'en porter plus mal...

Nous terminerons quant à nous notre longue exploration de l'aventure du vieillissement par une image utilisée par le philosophe Bertrand Russell (1956, p. 52-53) pour camper la trajectoire humaine, image qui reprend pour l'essentiel le message de Qohélet:

> Une vie humaine devrait être comme une rivière.
> Petite au début,
> Étroitement enserrée entres ses rives,
> Et s'élançant avec passion
> Au-delà des rochers et des chutes.
> Graduellement, la rivière devient plus large,
> Les rivages s'éloignent,
> Les eaux coulent plus doucement.
> Et à la fin, sans aucune rupture visible,
> Ces eaux se fondent dans la mer.

Annexe 1

UN INSTRUMENT D'EXPLORATION DE SON RÉSEAU

Nous sommes tous en lien avec des gens qui nous aident d'une façon ou de l'autre et qui nous rendent ainsi la vie plus facile et plus satisfaisante, que ce soit des parents, des voisins ou des amis, ou des gens qu'on ne voit que rarement. Ces gens constituent notre *réseau de soutien*.

Ce questionnaire a pour but de vous aider à explorer vos différents besoins, de même que la façon dont ils sont satisfaits par les personnes qui évoluent dans votre réseau.

1. Les personnes qui constituent votre réseau vous apportent probablement l'une ou l'autre des choses suivantes. Dans cette première étape, il s'agit simplement de prendre connaissance de ces éléments et d'en évaluer l'importance pour vous.

a. *Valorisation*: me sentir apprécié, recevoir des marques d'attention, de confiance, de reconnaissance.
   important [ ]
   + ou - important [ ]
   peu important [ ]

b. *Affection et amour*: me sentir proche de certaines personnes, recevoir affection et chaleur.
   important [ ]
   + ou - important [ ]
   peu important [ ]

c. *Encouragement et réconfort*: me sentir encouragé dans mes projets, sentir le soutien des autres quand ça va mal.
   important [ ]
   + ou - important [ ]
   peu important [ ]

d. *Stimulation*: me sentir délicatement remis en question dans mes façons de penser et de faire, me sentir inspiré par la façon de penser des autres, ou simplement par leur façon d'être.
   important [ ]
   + ou - important [ ]
   peu important [ ]

e. *Clarification*: sentir qu'on m'aide à me comprendre et à préciser ce qui me convient, recevoir un conseil utile.
   important [ ]
   + ou - important [ ]
   peu important [ ]

f. *Aide matérielle*: recevoir une information utile, ou de l'argent ou un objet prêté ou donné, ou me faire rendre un service
important [ ]
+ ou - important [ ]
peu important [ ]

g. *Bien-être physique*: avoir des contacts physiques et en retirer du plaisir physique et/ou affectif
important [ ]
+ ou - important [ ]
peu important [ ]

2. Vous êtes maintenant invité à dresser la liste des personnes qui ont une influence positive sur vous, à quelque niveau que ce soit, et même s'il s'agit de personnes que vous ne voyez pas souvent.

Il n'est pas nécessaire que vous trouviez 12 noms, et une fois rendu plus loin dans le questionnaire, vous pourrez toujours revenir ajouter d'autres noms.

Étant donné que ce questionnaire est pour vous, les prénoms suffisent.

Les personnes importantes pour moi
(il n'est pas nécessaire de les placer par ordre d'importance)

1. _____   7. _____

2. _____   8. _____

3. _____   9. _____

4. _____   10. _____

5. _____   11. _____

6. _____   12. _____

3. Il s'agit maintenant de reprendre la liste des personnes qui sont importantes pour vous, et de préciser ce que vous recevez de chacune d'elles, à l'aide d'un crochet dans la colonne appropriée.

Les personnes importantes pour moi:	Valorisation	Affection, amour	Encouragement, réconfort	Stimulation	Clarification	Aide matérielle	Bien-être physique

4. La dernière étape consiste à réagir au *portrait* de votre réseau, à l'aide des questions suivantes:

a. Quelle est ma réaction d'ensemble? Ai-je fait des découvertes ou cette démarche ne fait-elle que confirmer ce que je savais déjà?

b. Ai-je envie d'exprimer à certaines de ces personnes qu'elles sont importantes pour moi?

c. Ai-je envie d'avoir une relation plus significative avec certaines d'entre elles? Si oui, comment vais-je m'y prendre?

d. Parmi les personnes nommées, y en a-t-il qui ont été importantes pour moi dans le passé mais dont la vie m'a éloigné depuis, à tel point que je devrais maintenant faire mon deuil de cette relation? (Techniquement, ces personnes ne font plus partie de mon réseau et elles sont devenues des *relations dormantes*.)

e. Y a-t-il des personnes que j'aimerais voir entrer dans mon réseau? Si oui, les nommer.

f. Quelles démarches pourrais-je faire en ce sens?

h. Est-ce que j'éprouve le besoin de parler de l'exploration que je viens de faire avec quelqu'un qui sait m'écouter? Si oui, avec qui et quand?

Annexe 2

INVENTAIRE DES RÉACTIONS NORMALES DE DEUIL

Cet inventaire est emprunté en bonne partie à Hansson et Stroebe (2007, p. 14), avec plusieurs compléments.

Au plan affectif

Se sentir en état de choc ou engourdi.
Se sentir déprimé, abattu, désespéré.
Détresse, anxiété, peurs, inquiétudes.
Perte du désir sexuel.
Colère, irritabilité.
S'ennuyer fortement du défunt.
Se sentir soulagé et libéré par sa mort (surtout si le défunt était souffrant, si son état nécessitait beaucoup de soins, ou encore, s'il avait une personnalité difficile).

Au plan cognitif

Se sentir hanté par le souvenir du défunt et avoir des pensées intrusives à son sujet.
Sentir sa présence.
Sentir que sa mort n'est pas réellement survenue.
Sentiment d'impuissance, baisse de l'estime de soi.
Problèmes de mémoire et difficulté à se concentrer.

Au plan des comportements

Se sentir tendu, agité, incapable de se calmer; hyperactivité.
Éprouver une fatigue inhabituelle.
Recherche du défunt (dans les endroits qu'il fréquentait ou dans les foules).

Pleurer, sangloter.
Être porté à se retirer.
Idéaliser le défunt, ou au contraire, lui adresser des reproches.

Au plan physiologique

Tensions à la gorge et à la poitrine.
Perte d'appétit et de poids, sommeil perturbé.
Épuisement.
Plus grande vulnérabilité à la maladie.
Malaises divers, notamment problèmes digestifs et palpitations cardiaques.
Hypersensibilité au bruit.

Rappelons que ces réactions sont normales, surtout dans les six premiers mois du deuil.

Annexe 3

POINTS DE REPÈRE À L'INTENTION DES ENDEUILLÉS

1. Il y a une lumière au bout du tunnel

L'expérience du deuil peut être très éprouvante, il n'y a pas de doute là-dessus. Mais des milliers de Québécois et de Canadiens âgés s'en sortent à chaque année. Vous pouvez être du nombre si vous mettez les chances de votre côté. Les lignes qui suivent sont écrites pour vous aider dans ce sens.

2. En cas de besoin, faites-vous aider

Si vous avez des idées de suicide, appelez tout de suite le centre de prévention du suicide de votre région, au 1-866-277-3553. Vous devriez demander de l'aide si vous vous sentez perturbé et si vous sentez que vous pourriez perdre le contrôle et poser un geste irrémédiable, ou encore si vous êtes porté à vous tourner vers l'alcool, la drogue ou les médicaments quand vous sentez que le poids de votre deuil est trop lourd.

3. Il est normal d'éprouver des émotions fortes

Il est normal de se sentir engourdi et en état de choc, d'éprouver beaucoup de colère ou de culpabilité, ou encore de sentir un grand vide dans sa vie. Cela peut faire peur mais c'est normal.

Il est normal aussi de se demander si on va être capable de passer au travers. Oui, vous pouvez passer au travers. Vous allez trouver votre chemin à votre rythme.

4. Ne fuyez pas la douleur

Si vous avez mal, c'est un signe que vous êtes en train de faire face à la situation. Essayez de voir la souffrance comme un processus de guérison ou d'adaptation. Si vous tentez de la fuir, elle va revenir le mois prochain ou dans cinq ans.

5. <u>Nourrissez-vous bien</u>

Il est particulièrement important de bien vous nourrir, dans une période où votre corps a besoin de toute son énergie. Buvez de huit à dix verres d'eau par jour, mangez des fruits et des légumes, des céréales, des patates et des pâtes, et réduisez votre consommation de café, de sucre et d'alcool.

6. <u>Les pertes anciennes</u>

Votre perte actuelle peut réactiver une vieille perte, comme le décès d'un parent ou celui d'un bébé. C'est un phénomène normal et il faudra vous faire attentif à cette perte ancienne aussi.

7. <u>Vous êtes quelqu'un de bien</u>

Vous vous croyez peut-être moins bon qu'avant. Ces idées sont souvent provoquées par la détresse qui accompagne votre perte. Ne vous accusez pas de tous les maux. Sous votre détresse actuelle, vous êtes quelqu'un de valable du simple fait que vous existez et que vous consentez à continuer à vivre.

8. <u>Donnez-vous du temps</u>

Il va vous falloir un certain temps pour retrouver pleinement votre joie de vivre. Donnez-vous ce temps, et préparez-vous à vivre des hauts et des bas. Vous pouvez vous sentir plus mal que la semaine dernière, mais ça ne veut pas dire que vous êtes rendu moins loin que la semaine dernière.

Résistez aux pressions de ceux qui voudraient que vous vous adaptiez instantanément. Vous avez le droit de cheminer à votre rythme et à votre façon.

9. <u>Respirez profondément</u>

Prenez de grandes respirations, à partir de l'abdomen. Profitez-en pour vous étirer. Les respirations sont le mouvement de la vie. En respirant, répétez-vous: Je suis en paix. Je vais survivre.

Même si le cœur n'y est pas, faites de l'exercice. Prenez des marches, faites vos emplettes à pied si c'est possible. Continuez à faire le ménage si vous le faisiez avant.

10. <u>Reportez les grandes décisions à plus tard</u>

Lorsque c'est possible, reportez les décisions importantes à plus tard et évitez les situations et les personnes compliquées. Votre jugement est peut-être encore un peu embrouillé, et votre organisme a encore beaucoup de choses à digérer. Si vous avez une auto, conduisez très prudemment.

Pour les grandes décisions, prenez les conseils de proches en qui vous avez confiance. Tentez de vous apprivoiser à leurs conseils et d'en soupeser le pour et le contre. Vous finirez par découvrir ce qui a le plus de chances de vous convenir vraiment.

11. <u>Laissez-vous gâter</u>

Ayez la simplicité de vous laisser aider, et même de prendre les devants en disant à vos proches comment ils peuvent vous aider. Téléphonez-leur. Invitez-les pour un café ou mieux, faites-vous inviter à souper!

Gâtez-vous vous-même: un bain chaud, une petite collation, l'achat d'un objet ou une sortie que vous vouliez vous offrir depuis longtemps, un bon livre ou un bon film, un bouquet de fleurs...

12. <u>Revenez à vos croyances profondes</u>

Revenez aux croyances qui vous ont aidé dans le passé, qu'elles soient de nature religieuse, philosophique ou poétique. Relisez des textes susceptibles de vous réconforter et de vous nourrir. Dans la Bible, l'un des plus beaux est le poème qu'on trouve dans le livre de l'Ecclésiaste (appelé «Qohélet» dans certaines éditions), au chapitre 3, versets 1 à 8.

La prière et la méditation peuvent aussi vous aider, même si ces temps d'arrêt risquent de ramener à la surface des émotions ou des images douloureuses. Si celles-ci surviennent, laissez-les venir et repartir, et continuez à faire le silence et la paix en vous, au rythme de votre respiration. Si vous faites une prière de demande, demandez le courage pour continuer votre chemin, et la sagesse pour apprendre à partir de votre vécu.

13. Prévoyez les périodes difficiles

Les dimanches sont les pires, pas de doute là-dessus. Les Fêtes arrivent tout de suite après, et les samedis soir ne sont pas tellement mieux non plus. Essayer de prévoir des activités intéressantes pour ces moments-là, seul ou avec d'autres.

Les anniversaires aussi peuvent être exigeants. Votre anniversaire de naissance et celui de votre conjoint ou conjointe décédé-e. L'anniversaire de son décès, votre anniversaire de mariage... Essayez de voir comment vous voulez vivre cette journée et s'il y a lieu, avez qui vous voulez la passer.

14. Les photos et les souvenirs

Si vous trouvez que les photos et les autres souvenirs matériels vous aident à cheminer dans votre deuil, c'est correct. Si vous trouvez que cela vous nuit, rangez-les provisoirement hors de votre vue.

15. Que faire de votre colère

Tout le monde réagit à la perte par la colère. Il faut toutefois éviter de tourner cette colère contre soi-même ou de s'en prendre aux autres. Frappez plutôt un oreiller, ou allez garer votre auto au fond d'un stationnement désert ou le long d'une route peu fréquentée, montez les vitres et criez et jurez à votre goût, après qui que ce soit (ce n'est même pas nécessaire d'avoir une cible précise).
Il se pourrait que le fait de ventiler ainsi votre colère vous évite des accrochages avec les autres, de même que des accidents et des maladies. Votre colère va diminuer progressivement.

16. <u>Que faire de votre culpabilité</u>

Vous vous reprochez peut-être de ne pas avoir agi de la bonne façon. Il est normal de se sentir coupable, mais il y a des limites, parce qu'on peut se faire mal avec une culpabilité excessive.
Le remède à la culpabilité, c'est le pardon. L'amour, la compréhension et le respect que vous auriez aimé continuer à recevoir de la part de la personne qui est morte, donnez-vous-les à vous-même.

17. <u>Il y a des gens dont le métier est de vous aider</u>

Beaucoup de gens ont été formés pour vous aider: travailleurs sociaux, psychiatres, psychologues, etc. Si vous vous sentez déprimé pour une durée qui vous semble anormale, n'hésitez pas à consulter un spécialiste. Dans certains cas, une médication pourrait vous aider.

Si après six mois, vous ne vous sentez toujours pas en mesure de fonctionner correctement dans votre quotidien, demandez de l'aide. Vous devriez le faire si vous n'avez pas retrouvé l'appétit ni le sommeil, si vous n'avez plus d'énergie ni d'intérêt pour ce qui vous procurait autrefois du plaisir, ou si vous êtes aux prises avec des pensées irrationnelles ou suicidaires.

18. <u>La thérapie par le rire</u>

Le rire est l'une des meilleures thérapies. Louez un film drôle, lisez un magazine d'humour, parlez aux gens qui vous font rire, demandez qu'on vous raconte des histoires drôles. N'ayez pas peur de rire des aspects comiques de votre deuil. La personne décédée ne vous en voudra pas de rire de ses petits travers. Elle serait probablement contente de voir que vous continuez à vivre et que vous vous rappelez d'elle avec plaisir.

Et rappelez-vous cette maxime: Bienheureux les gens qui savent rire d'eux-mêmes: ils n'ont pas fini de s'amuser!

19. <u>À mesure que votre deuil progresse</u>

Au fil du temps, vous allez constater que votre jugement devient plus pénétrant et plus fiable, que votre concentration et votre mémoire s'améliorent, que vous avez davantage le goût d'être avec les autres, de les écouter et de faire des choses pour eux, que vous vous sentez plus fort et plus indépendant, bref, que vous avez retrouvé le goût de vivre. Savourez ce sentiment de vous sentir stimulé par l'inconnu qui vous attend.

20. <u>Le temps du pardon</u>

Peut-être avez-vous des reproches à faire à votre conjoint défunt. Ce peut être le simple fait qu'il vous ait abandonné en partant le premier, ou il peut s'agir de choses qu'il a faites et qui ont pu hâter son décès (comme de trop boire, de mal manger, de ne pas faire d'exercice…), ou encore des choses qui sont survenues dans votre vie de couple il y a longtemps.

Peut-être est-ce à vous-même que vous avez des reproches à faire. Dans tous les cas, vous sentirez un jour que vous avez atteint le temps du pardon. Lorsque vous vous sentirez prêt, une bonne façon de procéder consiste à écrire une lettre à votre conjoint dans laquelle vous mentionnerez les reproches que vous avez à lui faire et l'impact que ces torts ont eu sur vous. Vous lui direz ensuite que vous lui pardonnez de tout cœur et que vous voulez conserver de lui au fond de vous la plus précieuse des images.

S'il s'agit de vos propres erreurs, mentionnez-les, en ayant la simplicité d'ajouter les circonstances atténuantes s'il y a lieu, et demandez-lui pardon du fond du cœur, en lui disant que son pardon vous aidera à vous pardonner à vous-même. Conservez cette lettre pour la relire à l'occasion. Si vous avez un confident ou une confidente dont la discrétion vous est assurée, vous pouvez aussi lui lire votre lettre, même si cela vous fait pleurer. Cela fait aussi partie de votre parcours de deuil.

21. <u>Un nouveau chapitre commence</u>

Un nouveau chapitre de votre vie commence, ou il est commencé depuis quelque temps sans que vous ne vous en soyez aperçu. Vous êtes maintenant prêt à effectuer les changements qui s'imposent. C'est peut-être le temps de faire un peu de ménage dans les objets qui vous entourent, de redécorer votre logement, de vous acheter de nouveaux vêtements ou de nouvelles choses, de faire de nouveaux contacts ou d'en reprendre des anciens, de développer de nouveaux intérêts et de nouvelles activités ou de renouer avec des choses que vous aimiez faire dans le passé (en dosant les choses que vous faites seul et celles que vous faites avec d'autres).

22. <u>Les émotions qui surprennent</u>

Il se peut que certaines scènes, certains événements ou certaines chansons vous fassent revivre des émotions fortes, ou que ces émotions vous surprennent à l'improviste. Ce phénomène est normal et devrait s'atténuer au fil des ans.

23. <u>La tristesse et la chance de vivre</u>

Il se peut aussi que vous conserviez à jamais une certaine tristesse à la pensée de la personne que vous avez perdue, tout en étant quand même heureux d'être en vie et capable de prendre plaisir à votre quotidien. Cela aussi est dans l'ordre des choses. Le deuil d'un être aimé est souvent une expérience qui nous marque à jamais et qui nous rend davantage conscients du caractère précieux de la vie et davantage capables de compassion à l'endroit de nos proches.

Savourez ce privilège d'avoir connu et aimé cette personne et d'en avoir été aimé de retour, et vivez avec le plus de sagesse, de courage et de générosité possible, de manière à honorer sa mémoire.

(Partiellement inspiré de Colgrove et autres, 1991.)

BIBLIOGRAPHIE

AGUERRE, C., BOUFFARD, L., 2003, «Le vieillissement réussi: Théories, recherches et applications cliniques», *Revue québécoise de psychologie*, vol. 24, no. 3, p. 107-129.

ALDWIN, C, SPIRO, A., PARK, C., 2006, «Health, Behavior, and Optimal Aging: A Life Span Developmental Perspective», dans BIRREN et SCHAIE, p. 85-104.

ALLPORT, G., 1950, *The Individual and His Religion, A Psychological Interpretation*, New York, Macmillan.

ANGEL, M., 1987, *The Orphaned Adult, Confronting the Death of a Parent*, New York, Human Science Press.

ANTONUCCI, T., 1990, Social Supports and Social Relationships, dans BINSTOCK et GEORGE, 205-226.

ANTONUCCI, T., 2001, «Social Relations, An Examination of Social Networks, Social Support, and Sense of Control», dans BIRREN et SCHAIE, p. 427-453.

ANTONUCCI, T., AKIYAMA, H, 1987, «Social networks in adult life and a preliminary examination of the convoy model», *Journal of Gerontology*, vol. 42, no. 5, p. 519-527.

ANTONUCCI, T., KAHN, R., 1980, «Convoys Over the Life-Course: Attachment, Roles, and Social Support », dans BALTES, P., BRIM, O., Eds., *Life-Span Development and Behavior*, vol. 3, New York, Academic Press, p. 253-286.

ATCHLEY, R., 1987, «Disengagement», dans MADDOX, p. 186-187.

ATCHLEY, R., 1995a, «Activity theory», dans MADDOX, p. 9-12.

ATCHLEY, R., 1995b, «Continuity theory», dans MADDOX, p. 227-230.

ATCHLEY, R., 2002, «Spirituality», dans EKERDT, p. 1324-1328.

ATCHLEY, R., 2003, «Why most people cope well with retirement», dans RONCH et GOLDFIELD, p. 123-138.

ATTIG, T., 1991, «The importance of conceiving grief as an active process», *Death Studies*, vol. 15, p. 385-393.

ATTIG, T., 1996, *How we grieve: Relearning the world*, New York, Oxford University Press.

ATTIG, T., 2000, *The heart of grief: Death and the search for meaning*, New York, Oxford University Press.

ATTIG, T., 2004, «Meaning of death seen through the lens of grieving», *Death Studies*, vol. 28, p. 341-360.

AUPETIT, H., 2004, *La Maladie d'Alzheimer*, Paris, Odile Jacob.

AVORN, J., LANGER, E., 1983, «Induced disability in nursing home patients: A controlled trial», *Journal of the American Geriatrics Society*, 30, p. 397-400, cités par TEITELMAN et PRIDDY, 1988, p. 310.

BALASWAMY, S., RICHARDSON, V., 2001, «The cumulative effect of life event, personal and social ressources on subjective well being of elderly widowers», *International Journal of Aging and Human Development*, 53, p. 311-327, cités par HANSSON et STROEBE, 2007, p. 110.

BALK, D., 2004, «Recovery following bereavement: An examination of the concept», *Death Studies*, vol. 28, p. 361-374.

BALTES, M., CARSTENSEN, L., 1999, «Social-Psychological Theories and Their Application to Aging: From Individual to Collective», dans BENGSTON et SCHAIE, p. 209-226.

BALTES, P., SMITH, J., 2003, «New frontiers in the future of aging: From successful aging of the young old to the dilemmas of the fourth age», *Gerontology*, 49, p. 123-135, cités par PUSHKAR et autres, 2003, p. 155.

BEAULIEU, C., 1991, «Sommes-nous plus intelligents? Une entrevue avec Serge Larivée», *L'actualité*, 15 décembre, p. 15-18.

BENGSTON, V., SCHAIE, W., 1999, *Handbook of theories of aging*, New York, Springer.

BENSON, H., 1996, *Timeless healing: The power and biology of belief*, New York, Scribner, cité par KRAUSE, 2006b, p. 502.

BERGMAN, C., 2005, *«Il faut rester dans la parade», Comment vieillir sans devenir vieux*, Montréal, Flammarion Québec.

BINSTOCK, R., GEORGE, L., Eds., 1990, *Handbook of Aging and the Social Sciences*, 3rd Edition, New York, Academic Press.

BINSTOCK, R., GEORGE, L., Eds., 2006, *Handbook of Aging and the Social Sciences*, 6th Edition, New York, Academic Press.

BINSTOCK, R., SHANAS, E., Eds., 1985, *Handbook of Aging and the Social Sciences*, 2nd edition, New York, Van Nostrand Reinhold.

BIRDITT, K., FINGERMAN, K., 2003, «Age and gender differences in adults' descriptions of emotional reactions to interpersonal problems», *Journal of Gerontology: Psychological Sciences,* vol. 58B, p. 237-245, cités par HANSSON et STROEBE, 2007, p. 121.

BIRREN, J., BIRREN, B., 1990, «The Concepts, Models, and History of the Psychology of Aging», dans BIRREN et SCHAIE, p. 3-20.

BIRREN, J., COCHRAN, K., 2001, *Telling the stories of life through guided autobiography groups*, Baltimore, The John Hopkins University Press.

BIRREN, J., SCHAIE, W., 1990, Eds., *Handbook of The Psychology of Aging*, 3rd Edition, New York, Academic Press.

BIRREN, J., SCHAIE, W., 2001, Eds., *Handbook of the Psychology of Aging,* 5th Edition, San Diego, California, Academic Press.

BIRREN, J., SCHAIE, W., 2006, Eds., *Handbook of the Psychology of Aging,* 6th Edition, New York, Academic Press.

BIRREN, J., SCHROOTS, J., 2006, «Autobiographical Memory and the Narrative Self over the Life Span», dans BIRREN et SCHAIE, p. 477-498.

BIRREN, J., SLOANE, B., COHEN, G., 1992, *Handbook of Mental Health and Aging*, 2nd Edition, New York, Academic Press.

BLUMENFELD, H., 1987, *Life Begins at 65, The Not Entirely Candid Autobiography of a Drifter*, Toronto, Harvest House.

BOERNER, K., HECKAUSEN, J, 2003, «To have and have not: Adaptive bereavement by transforming mental ties to the deceased», *Death Studies*, 27, p. 199-226.

BOSSÉ, R., et autres, 1996, «The Psychology of Retirement», dans WOODS, R., Edr., *Handbook of the Clinical Psychology of Ageing*, Chichester, U.K., John Wiley, p. 141-157, cités par EKERDT, 2002, p. 1220.

BOUISSON, J., 2005, *Psychologie du vieillissement et vie quotidienne,* Marseille, Solal.

BOURGEOIS, S., JOHNSON, A., 2004, «Preparing for dying: Meaningful practices in palliative care», *Omega*, vol. 49, no. 2, p. 99-107.

BRISSETTE, I. et autres, 2000, «Measuring social integration and social networks», dans COHEN, S. et autres, Eds., *Measuring and intervening in social support*, p. 53-85, New York, Oxford University Press.

BROMLEY, D., 1990, *Behavioural Gerontology, Central Issues in the Psychology of Ageing*, New York, John Wiley & Sons.

BRUNER, J., 2003, «Self making narratives», dans FIVUSH, R., HADEN, C., Eds., *Autobiographical memory and the construction of a narrative self*, Mahwah, NJ, Lawrence Erlbaum, p. 209-225, cité par BIRREN et SCHROOTS, 2006, p. 488.

BUTLER, R., 2002, «Life review», dans EKERDT, p. 790-792.

BUTZEL, J., RYAN, R., 1997, «The dynamic of volitional reliance: A motivational perspective and dependence, interdependence and social support», dans PIERCE, G. et autres, Eds, *Sourcebook of social support and personality*, New York, Plenum, p. 49-67, cités par AGUERRE et BOUFFARD, 2003, p. 113.

CAHILL, C. et autres, 2006, «Retirement Patterns From Career Employement», *The Gerontologist*, vol. 46, no. 4, p. 514-523.

CAMPBELL, J., 1990, «Self-Esteem and Clarity of the Self-Concept», *Journal of Personality and Social Psychology*, vol. 59, no. 3, p. 538-549.

CAPPELIEZ, P., 2002, «Cognitive-Reminiscence Therapy for Depressed Older Adults in Day Hospital and Long-Term Care», dans WEBSTER et HAIGHT, p. 300-313.

CAPPELIEZ, P., LANDREVILLE, P., VÉZINA, J. (dir.), 2000, *Psychologie clinique de la personne âgée*, Ottawa, Presses de l'Université d'Ottawa.

CARR, D., 2003, «A *good death* for whom? Quality of spouse's death and psychological distress among older widowed persons», *Journal of Health and Social Behavior*, 44, p. 215-232, cité par HANSSON et STROEBE, 2007, p. 99-100.

CARR, D., et autres, 2000, «Marital quality and psychological adjustement to widowhood among older adults: A longitudinal analysis», *Journal of Gerontology: Social Sciences*, vol. 55b, S-197-S207, cités par HANSSON et STROEBE, 2007, p. 99.

CARSTENSEN, L, 1992, «Motivation for social contact across the life span: A theory of socioemotional selectivity», *Nebraska Symposium on Motivation*, vol. 40, p. 209-254, Lincoln University of Nebraska Press.

CARSTENSEN., L., FREDERICKSON, B., 1998, «Influence of HIV status and age on cognitive representations of others», *Health Psychology*, 17, 494-503, cités par ROOK, p. 177.

CARSTENSEN, L. et autres, 1999, «Taking time seriously: A theory of socioemotional selectivity», *American Psychologist*, 54, p. 165-181.

CARSTENSEN, L. et autres, 2006, «Aging and the Intersection of Cognition, Motivation, and Emotion», dans BIRREN et SCHAIE, p. 343-362.

CAVAN, R., BURGESS, E., HAVIGHURST, R., GOLDHAMER, H., 1979 (c. 1949), *Personal Adjustment in Old Age*, New York, Arno Press.

CASPI, A., et autres, 2005, «Personality Development: Stability and Change», *Annual Review of Psychology*, vol. 56, p. 453-484.

CHAPPELL, N., GUSE, L., 1989, «Linkages Between Informal and Formal Support», dans MARKIDES, K., COOPER, D., Eds., *Aging, Stress and Health*, New York, John Wiley and Sons, p. 219-237.

CHARNESS, N., Edr., 1985, *Aging and Human Performance*, Toronto, John Wiley.

CHARNESS, N., 2000, «Can acquired knowledge compensate for age-related declines in cognitive efficiency?», dans HONN QUALLS et Abeles, p. 99-117.

COHEN, G., et autres, 2006, «The Impact of Professionaly Conducted Cultural Programs on the Physical Health, Mental Health, and Social Functionning of Older Adults», *The Gerontologist*, 46, 6, p. 726-734.

COHEN, S., 2004, «Social relationships and health», *American Psychologist*, vol. 59, p. 676-684.

COLCOMBE, S., KRAMER, A., 2003, «Fitness Effects on the Cognitive Function of Older Adults», *Psychological Science,* vol. 14, no. 2, p. 125-130.

COLGROVE, M., BLOOMFIELD, H., McWILLIAMS, P., 1991, *How to Survive the Loss of a Love*, Los Angeles, Prelude Press.

COLMAN, A., 2006, *A Dictionary of Psychology*, 2nd Edition, Oxford University Press.

COMITÉ SÉNATORIAL SPÉCIAL SUR LE VIEILLISSEMENT, 2007, *Relever le défi du vieillissement*, Ottawa.

CONSEIL CONSULTATIF NATIONAL SUR LE TROISIÈME ÂGE, 1990, «S'accommoder des pertes sensorielles», *Écrits en gérontologie*, Ottawa.

CONSEIL CONSULTATIF NATIONAL SUR LE TROISIÈME ÂGE, 1991, «La mémoire: une faculté aux multiples facettes», *Expression*, vol. 7, no. 4, Ottawa, p. 2-5.

CONSEIL CONSULTATIF NATIONAL SUR LE TROISIÈME ÂGE, 2000, *Expression*, vol. 13, no. 2, p. 7.

CONSEIL CONSULTATIF NATIONAL SUR LE TROISIÈME ÂGE, 2004, *Expression*, vol. 17, no. 1.

COSTA, P., et autres, 1987, «Longitudinal Analyses of Psychological Well-Being in a National Sample: Stability of Mean Levels», *Journal of Gerontology*, vol. 42, no. 1, p. 50-55.

COSTA, P., McCRAE, R., 1989, «Personality, Stress, and Coping: Some Lessons from a Decade of Research», dans MARKIDES, K, COOPER, C., Eds., *Aging, Stress and Health*, New York, John Wiley & Sons, p. 269-285.

COVERMAN, S., 1989, «Role Overload, Role Conflict, and Stress: Addressing Consequences of Multiple Role Demands», *Social Forces*, vol. 67, no. 4, pp. 965-982.

COVINSKY, K. et autres, 1999, «Health status versus quality of life in older patients: Does the distinction matter?», *American Journal of Medicine*, vol. 106, p. 435-440, cités par GEORGE, 2006, p. 322.

COYNE, J., et autres, 1995, «Non detection of depression by primary care physicians reconsidered», *General Hospital Psychiatry*, vol. 17, p. 3-12,, cités par Vézina et autres, 2000, p. 24.

CROHAN, E., ANTONUCCI, T., 1989, «Friends as a Source of Social Support in Old Age», dans ADAMS, R., BLIESZNER, R., Eds., 1989, *Older Adult Friendship, Structure and Process*, London, Sage Publications, p. 129-146.

CROWTHER, M. et autres, 2002, «Rowe and Kahn's Model of Successful Aging Revisited: Positive Spirituality – The Forgotten Factor», *The Gerontologist*, vol. 42, no. 5, p. 613-620.

CUMMING, E., 1960, Social change and the dying process, Communication à la 13ème *Annual Conference on Aging*, University of Michigan, Ann Arbor, juin 1960, citée par HENRY, 1965, p. 35.

CUMMING, E., HENRY, W., 1961, *Growing Old*, New York, Basic Books.

DALSANIA, P., 2004, «Dementias Other Than Alzheimer's», dans DOKA, p. 33-53.

DALTON, D. et autres, 2003, «The Impact of Hearing Loss on Quality of Life in Older Adults», *The Gerontologist*, vol. 43, no. 5, p. 661-668.

DESCHÊNES, N., STONE, L., 2006, «La probabilité d'atteindre l'état de *retraité*: une analyse longitudinale des variations entre hommes et femmes», dans STONE, p. 241-270.

DIGMAN, J., 1989, «Five Robust Traits Dimensions: Development, Stability and Utility», *Journal of Personality*, vol. 57, no. 2, pp. 195-214.

DOKA, K, 2004, dir., *Living with Grief – Alzheimer's Disease,* Hospice Foundation of America.

DRENTEA, P., 2002, «Retirement and Mental Health», *Journal of Aging and Health*, vol. 14, no. 2, p. 167-194.

DUBÉ, M., LEFRANÇOIS, R., 2003, «Les études longitudinales en gérontologie», *Revue québécoise de psychologie,* vol. 24, no. 3, p. 235-244.

EGGEBEEN, D., 2001, «Intergenerational Exchanges», dans EKERDT, p. 724-727.

EKERDT, D., dir., 2002, *Encyclopedia of Aging*, Four volumes, New York, Macmillan Reference USA.

EKERDT, D., 2002, «Retirement, Transition», dans EKERDT..., p. 1217-1222.

ELKLIT, A., O'CONNOR, M., 2005, «Post-traumatic stress disorder in a Danish population of elderly bereaved», *Scandinavian Journal of Psychology*, 46, p. 439-445, cités par HANSSON et STROEBE, 2007, p. 103.

ERIKSON, E., 1968, *Identity, Youth and Crisis*, New York, Norton.

ERIKSON, E., ERIKSON, J., KIVNICK, H., 1986, *Vital Involvement in Old Age*, New York, Norton.

ÉTHIER, S., 2005, *L'ABC de la maladie d'Alzheimer, Guide pratique à l'intention des proches,* Bayard Canada.

FALVO, D., 2005, *Medical and Psychosocial Aspects of Chronic Illness and Disability*, 3rd Edition, Sudbury, Massachussetts, Jones and Bartlett Publishers.

FISHER, B., REGAN, S., 2006, «The Extent and Frequency of Abuse in the Lives of Older Women and Their Relationship With Health Outcomes», *The Gerontologist*, vol. 46, no. 2, p. 200-209.

FREUND, A., BALTES, P., 2003, «Pour un développement et un vieillissement réussis: Sélection, optimisation et compensation», *Revue québécoise de psychologie*, vol. 24, no. 3, p. 27-52.

FROST, T., CLAYSON, E., 1991, «The Measurement of Self-Esteem, Stress-Related Life Events, and Locus of Control Among Unemployed and Employed Blue-Collar Workers», *Journal of Applied Social Psychology*, vol. 21, no. 14, p. 1402-1417.

FRY, E., 2002, «Age», dans EKERDT, p. 21-24.

GALLAGHER, W., 1993, «Midlife myths», *Atlantic*, May, cité par HOUDE, 1994, p. 38.

GAMINO, L, et autres, 2000, «Scott and White grief study – Phase 2: Toward an adaptive model of grief», *Death Studies*, vol. 24, p. 633-660.

GANNON, L., 2000, «Menopause», dans KAZDIN, p. 178-180.

GATZ, M., 2000, «Variations on depression in later life», dans HONN QUALLS et ABELES, p. 239-252.

GAUTHIER, S., 2002, «Alzheimer's Disease», dans EKERDT, p. 52-56.

GAUTHIER, H., ASSELIN, S., 2006, «Diversité croissante? Des transitions typiques vers la retraite qui commencent durant la vie active», dans STONE, p. 271 à 318

GEORGE, L., 1995, Adaptation, dans MADDOX, p. 12-14.

GEORGE, L, 1990, «Social Structures, Social Processes and Social-Psychological States», dans BINSTOCK et GEORGE, 1990, p. 191.

GEORGES, L, 1995, «Self esteem», dans MADDOX, p. 836-837.

GEORGES, L., 2006, «Perceived Quality of Life», dans BINSTOCK et GEORGE, p. 320-336.

GOLDBERG, L., 1990, «An Alternative *Description of Personality*: The Big-Five Factor Structure», *Journal of Personality and Social Psychology*, vol. 59, no. 6, p. 1216-1229.

GORBIEN, M., EISENSTEIN, A., 2005, «Elder Abuse and Neglect: An Overview», *Clinics in Geriatric Medicine,* vol. 21, no. 2, p. 279-292.

GROSS, J. et autres, 1997, «Emotion and aging: Experience, expression, and control», *Psychology and Aging*, vol. 12, p. 590-599, cités par HANSSON et STROEBE, 2007, p. 120.

GROULX, B., BEAULIEU, J., 2004, *La maladie d'Alzheimer, de la tête au cœur,* Outremont, Publistar.

HABER, D., 2006, «Life review: Implementation, theory, research and therapy», *International Journal of Aging and Human Development*, vol. 63, no. 2, p. 153-171.

HANSON, K., WAPNER, S., 1994, «Transition to retirement: Gender differences», *International Journal of Aging and Human Development*, vol. 39, no. 3, p. 189-208.

HANSSON, R., STROEBE, M., 2007, *Bereavement in Later Life, Coping, Adaptation, and Developmental Influences,* Washington, DC, American Psychological Association.

HARDY, M., 2006, «Older workers», dans BINSTOCK et GEORGE, p. 201-218.

HARDY, M., WILLSON, A., 2003, «Cohort change», dans EXERDT, p. 241-245.

HAVIGHURST, R., 1961, «Successful Aging», *The Gerontologist*, no. 1, p. 1-13.

HAVIGHURST, R., 1976, *Development Tasks and Education*, 3rd Edition, New York, David McKay Company (copyright 1948).

HAVIGHURST, R., 1995, «Developmental Tasks», dans MADDOX…, p. 270-271.

HAVIGHURST, R., NEUGARTEN, B., TOBIN, S., 1968, «Disengagement and patterns of aging», dans NEUGARTEN, B., Ed., *Middle Age and Aging*, Chicago, University of Chicago Press.

HAVIGHURST, R., ALBRECHT, R., 1980, *Older People,* New York, Arno Press (c. 1953).

HAWTON, K., 1992, «Suicide and attempted suicide», dans PAYKEL, E. (dir.), *Handbook of affective disorders,* New York, Guilford Press, p. 635-650, cité par JOINER, 2000, p. 225.

HEBB, D., 1979, «Je me regarde vieillir», *Psychologie,* avril, p. 23-25.

HECKHAUSEN, J., 2002, «Midlife Crisis», dans EKERDT..., p. 933-935.

HECKAUSEN, J., BRIM, O., 1997, «Perceived problems for self and others: Self-protection by social downgrading throughout adulthood», *Psychology and Aging*, 12, p. 610-619, cités par PUSHKAR et ARBUCKLE, 2000, p. 6.

HELSON, R., et autres, 2002a, «Personality change over 40 years of adulthood: Hierarchical linear modeling analyses of two longitudinal samples», *Journal of Personality and Social Psychology*, vol. 83, p. 752-766, cités par MROCZEK et autres, 2006, p. 366.

HELSON, R., et autres, 2002b, «The growing evidence for personality change in adulthood: Findings from research with personality inventories», *Journal of Research in Personality*, vol. 36, p. 287-306.

HENDRICKS, J., RUSSEL-HATCH, L., 2006, «Lifestyle and Aging», dans BINSTOCK et GEORGE, p. 301-319.

HENRY, W., 1965, «Engagement and disengagment: Toward a theory of adult development, dans KASTENBAUM, R., Ed., Contributions to thee Psychology of Aging, New York, Springer, pp. 19-35.

HERZOG, R., MARKUS, H., 1999, «The Self-Concept in Life Span and Aging Research», dans BENGSTON et SCHAIE, p. 227-252.

HERZOG, R. et autres, 2002, «Social engagement an dits relationship to health», dans PALMER, R., *Clinics in geriatric medicine, Successful Aging: Preventive Gerontology*, vol. 18, no. 2, August.

HÉTU, J.-L., 1994, *Psychologie du mourir et du deuil*, 2ème édition, Montréal, Méridien.

HÉTU, J.-L., 2000, *Bilan de vie, Quand le passé nous rattrape*, Montréal, Fides.

HOCHSCHILD, A., 1975, «Disengagement Theory: A Critique and Proposal», *American Sociological Review*, vol. 40, p. 553-569.

HOGAN, B. et autres, 2002, «Social support interventions – Do they work?», *Clinical Psychology Review*, vol. 22, p. 381-440.

HONN QUALLS, S., ABELES, N., 2000, dir., *Psychology and the Aging Revolution*, Washington, DC, American Psychological Association.

HOROWITZ, A., 2003, «Depression and Vision and Hearing Impairments in Later Life», *Generations*, vol. 27, Spring, p. 32-38.

HOUDE, R., 1994, «Y a-t-il une crise du milieu de la vie?», *Le journal des psychologues*, no. 118, p. 34-39.

HOUDE, R., 1999, *Les temps de la vie, Le développement psychosocial de l'adulte*, 3ème édition, Boucherville, Gaëtan Morin Éditeur.

HOYER, W., 2002, «Life-span development», dans EKERDT, p. 792-796.

HOYER, W., VERHAEGHEN, P., 2006, «Memory Aging», dans BIRREN et SCHAIE, p. 209-232.

HUDSON, M., 2002, «Elder abuse and neglect», dans EKERDT, p. 405-411.

IDLER, E., 2006, «Religion and Aging», dans BINSTOCK et GEORGE, p. 277-300.

JAMES, W., 1890, *The Principles of Psychology*, 2 volumes, New York, Henry Holts Co., extraits reproduits dans WILSHIRE, B., Ed., *William James: The Essential Writings*, Albany, State University of New York Press.

JAQUES, E., 1965, «Death and the Midlife Crisis», *International Journal of Psychoanalysis*, 46, p. 502-514.

JAQUES, E., 1980, «The Midlife Crisis», dans GREENSPAN, S. et POLLOCK, G., Eds., *The Course of Life, Psychoanalytic Contributions Toward Understanding Personality Development*, Vol. III, *Adulthood and the Aging Process*, Adelphi, Maryland, National Institute of Mental Health, p. 1-23.

JARVIK, L., 1983, «The Impact of Immediate Life Situations on Depression: Illnesses and Losses», dans BRESLAU, L, HAUG, M., Eds., *Depression and Aging, Causes, Care and Consequences*, New York, Springer, p. 114-120.

JEMMOTT, J., MAGLOIRE, 1988, « Academic stress, social support, and secretory immunoglobulin A», *Journal of Personality and Social Psychology*, vol. 55, no. 5, p. 803-810, cités par ANTONUCCI, 1990, p. 217.

JOHNSON, J., BARER, B., 2003, *Life beyond 85 years*, Amherst, New York, Prometheus Books, cités par KRAUSE, 2006a, p. 184.

JOINER, T., 2000, «Depression: Current Developments and Controversies, dans HONN QUALLS et ABELES, p. 223-237.

JOINER, T. et autres, 2002, «Depression», dans EKERDT, p. 335-339.

KAHANA, E. et autres, 2005, «Successful Aging in the Face of Chronic Disease», dans WYKLE, M. et autres, *Successful Aging Through the Life Span, Intergenerational Issues in Health*, New York, Springer, p. 101-126.

KAUFMAN, S., 2002, «Death and Dying», dans EKERDT, p. 314-318.

KATZ, S., 2002, «Aging», dans EKERDT, p. 45-49.

KAUFERT, P.A., 1985, «Midlife in midwest: Canadian women in Manitoba», dans BROWN, J., KERNS, V., Eds, *In her prime: A new view of middle aged women*, South Hadley, Manitoba, Bergin and Garvey, citée par MARKSON, E. «Menopause: Psychological Aspects», dans MADDOX, 1987, p. 438.

KAZDIN, A., 2000, *Encyclopedia of Psychology*, Oxford University Press.

KEATING, N., COLE, P., 1980, «What Do I Do With Him 24 Hours a Day? Changes in the Housewife Role After Retirement», *The Gerontologist*, vol, 20, no. 1, p. 84-89.

KENNY, J. 1988, *Wondering What's Best for an Aging Parent*, St. Meinrad, Indiana, Abbey Press.

KENYON, G. M., PHILLIP, C., DE VRIES, B., dir., 2001, *Narrative Gerontology: Theory, Research and Practice*, New York, Springer.

KRAMER, S. et autres, 2002, «The Association of Hearing Impairment and Chronic Diseases With Psychosocial Health Status in Older Age», *Journal of Aging and Health*, vol. 14, no. 1, p. 122-137.

KRAUSE, N., 2006a, «Social Relationships in Late Life», dans BINSTOCK et GEORGE, p. 181-200.

KRAUSE, N., 2006b, «Religion and Health in Late Life», dans BIRREN et SCHAIE, p. 499-518.

KUNTZ, J., 2002, «Integrating Reminiscence and Life Review Techniques With Brief, Cognitive Behavioral Therapy», dans WEBSTER et HAIGHT, p. 275-288.

KUSHNER, H., 1986, *Le désir infini de trouver un sens à sa vie - la quête de l'Ecclésiaste*, Montréal, Editions du Roseau.

LAWTON, M., 1996, «Quality of life and affect in later life», dans MAGAI, C. et McFADDEN, S., Eds., *Handbook of emotion, adult development, and aging*, San Diego, Academic Press, p. 327-348, cités par HANSSON et STROEBE, 2007, p. 120.

LAWTON, M. et autres, 1992, «Dimensions of affective experience in three age groups», *Psychology and Aging*, vol. 7, p. 171-184, cités par HANSSON et STROEBE, 2007, p. 119.

LAAKKONEN, M., et autres, 2004, «Terminally ill elderly patient's experiences, attitudes, and needs: A qualitative study», *Omega*, vol. 49, no. 2, p. 117-129.

LABERGE, S. et autres, 2003, «Les conceptions du bien-vieillir d'aînées de milieux favorisés et défavorisés», *Revue québécoise de psychologie,* vol. 24, no. 3, p. 71-93.

LABOUVIE-VIEF, G., 1999, «Emotions in Adulthood», dans BENGSTON et SCHAIE, p. 253-267.

LAFOREST, J., 1989, *Introduction à la gérontologie, Croissance et déclin*, Ville LaSalle, Hurtubise HMH.

LANDREVILLE, P., ROUSSEAU, F., VÉZINA, J., VOYER, P., 2005, *Symptômes comportementaux et psychologiques de la démence,* Acton Vale, Edisem.

LARSON, R., 1978, «Thirty years of research on the subjective well-being of older Americans», *Journal of Gerontology*, vol. 33, p. 109-125, cité par COSTA et autres, 1987, p. 50.

L'ÉCUYER, R., 1980, «Les souvenirs du passé chez les personnes âgées, reflet de conflits intérieurs ou facteur d'adaptation», *Revue québécoise de psychologie,* vol. 1, no. 3, p. 42-57.

L'ÉCUYER, R., 1990, «Le développement du concept de soi de 0 à 100 ans, cent après William James», *Revue québécoise de psychologie*, vol. 11, no. 1-2, p. 131.

LEDUC, C., 2003, *De la théorie à la pratique: 20 dossiers d'enquête sur l'exploitation de personnes âgées,* Commission des droits de la personne et des droits de la jeunesse.

LEE, K, et autres, 2003, «Trainee clinical psychologists' views on recruitment to work with older people», *Ageing and Society*, vol. 23, p. 83-97.

LEFEBVRE, C., 2001, «Un portrait de la santé des Québécois de 65 ans et plus», Québec, Institut national de santé publique du Québec.

LEMAIRE, P., BHERER, L., 2005, *Psychologie du vieillissement, Une perspective cognitive*, Bruxelles, De Boeck.

LERNER, M. et autres, 1991, «Adult Children as Caregivers: Egocentric Biases in Judgments of Sibling Contributions», *The Gerontologist*, vol. 31, no. 6, p. 746-755.

LEVIN, J., 2002, «Religion», dans EKERDT, p. 1176-1181.

LIGHT, L., 2000, «Memory changes in adulthood», dans HONN QUALLS et ABELES, p. 73-94.

LOWEN, A., 1983 (c. 1981), *La peur de vivre*, Paris, EPI.

MACLAY, E., 1977, «Green winter: celebration of old age», *Sélection du Reader's Digest*, Octobre 81, p. 153-156.

MADDOX, G., *1970*, «Fact and artifact: Evidence bearing on disengagement theory», dans PALMORE, E., Ed., *Normal Aging*, Durham, N.C., Duke University Press.

MADDOX, G., Ed., 1987, *Encyclopedia of Aging*, New York, Springer.

MADDOX, G., Ed., 1995, *Encyclopedia of Aging*, 2nd Ed., New York, Springer.

MAESTAS, N., 2004, «Back to work: Expectations and realizations of work after retirement», *Rand Working Paper*, no. WR-196, cité par CAHILL et autres, p. 516.

MARSDEN, P., 1987, «Core Discussion Networks of Americans», *American Sociological Review*, vol. 52, p. 122-131, cité par MOORE, G., 1990, «Structural determinants of men's and women's personal networks», *American Sociological Review*, vol. 55, p. 726-735, p. 728.

MARSHALL, V., 1999, «Analyzing Social Theories of Aging», dans BENGSTON et SCHAIE, p. 434-455.

MARSHALL, V., LEVY, J., 1990, «Aging and Dying», dans BINSTOCK et GEORGE, p. 246.

MARTEL, L, LÉGARÉ, J., 2001, «Avec ou sans famille proche à la vieillesse: Une description du réseau de soutien informel des personnes âgées, selon la présence du conjoint et des enfants», *Cahiers québécois de démographie*, vol. 30, no. 1, p. 89-114, cités par LEFEBVRE, p. 7.

McCRAE, R., 1995, «Self-concept», dans MADDOX, p. 836.

McCRAE, R., 2002, «The maturation of personality psychology: Adult personality development and psychological well-being», *Journal of Research in Personality*, vol. 36, p. 307-317.

McCRAE, R., COSTA, P., 1986, «Personality, coping, and coping effectiveness in an adult sample», *Journal of Personality*, 54, p. 385-405, cités par COSTA et McCRAE, 1989, p. 276.

McCRAE, R., COSTA, P. 2006, *Personality in Adulthood, A Five-Factor Theory Perspective*, Second Edition, New York, Guiford Press.

McDAVID, J., 1990, «The Self in the Environment», dans THOMAS, M., Ed.,*The Encyclopedia of Human Development and Education, Theory, Research and Studies*, New York, Pergamon Press, p. 309-311.

McGRAW, L, WALKER, J., 2004, «Negotiating Care: Ties Between Aging Mothers and Their Caregiving Daughters», *Journal of Gerontology, Social Sciences*, vol. 59, no. 6, p. S324-S332.

MELIA, S., 1999, «Continuity in the lives of elder Catholic women religious», *International Journal of Aging and Human Development*, vol. 48, p. 175-189, citée par HABER, 2006, p. 158.

MENEC, V., 2003, «The relation between everyday activities and succesful aging: A 6-year longitudinal study», *Journal of Gerontology: Social Sciences*, 58B,S74-S82, cité par GEORGE, 2006, p. 326.

MERRIAM, S., 1989, "The Structure of Simple Reminiscence", *The Gerontologist*, vol. 29, no. 6, p. 761-767.

MOODY, H., 2000, *Aging, Concepts and controversies*, 3rd edition, Thousand Oaks, California, Pine Forge Press.

MOORE, G., 1990, «Structural determinants of men's and women's personal networks», *American Sociological Review*, vol. 55, p. 726-735.

MOORE SCHAEFER, K., 1995, «Women living in paradox: Loss and discovery in chronic illness », *Journal of Holistic Nursing Practice*, vol. 9, no. 3, p. 63-74.

MOR-BARAK, M., MILLER, L., 1991, «A Longitudinal Study of the Causal Relationship Between Social Networks and Health of the Poor Frail Elderly», *Journal of Applied Gerontology*, vol. 10, no. 3, p. 293-310.

MOREN-CROSS, J., LIN, N., 2006, «Social Networks and Health», dans BINSTOCK et GEORGE, p. 111-126.

MROCZEK, D, SPIRO, A., 2002, «Personality», dans EKERDT…, p. 1176-1081.

MROCZEK, D, SPIRO, A., 2003, «Modeling intraindividual change in personality traits: Findings from the Normative Aging Study», *Journals of Gerontology: Psychological Sciences,* 58B, p. 153-165, cités par MROCZEK et autres, 2006, p. 366.

MROCZEK, D., et autres, 2006, «Personality and Aging», dans BIRREN et SCHAIE, p. 363-377.

MYERS, J., 1988, «The Mid/Late Life Generation Gap: Adult Children with Aging Parents», *Journal of Counseling and Development,* vol. 66, p. 331-335.

NAHMIASH, D., 2000, «Les mauvais traitements et la négligence à l'égard des personnes âgées», dans CAPPELIEZ et autres, p. 197-216.

NEUGARTEN, B., 1977, «Personality and aging», dans BIRREN et SCHAIE, 1985, p. 626-649.

NEUGARTEN, B., 1980, «A developmental view of adult personality», dans BIRREN, J., Ed., *Relations of Development and Aging,* New York, Arno Press, p. 176-208.

NEUGARTEN, B., NEUGARTEN, D., 1986, «Age in the Aging Society», *Daedalus,* vol. 115, no. 1, p. 31-49.

NEWMAN, B., NEWMAN, P., 1984, *Development through life: A psychosocial approach,* 3rd edition, Homewood, Illinois, The Dorsey Press.

NOLEN-HOEKSEMA, S., LARSON, J., 1999, *Coping with loss,* Mahwah, New Jersey, Erlbaum, cités par HANSSON et STROEBE, 2007, p. 21.

NOMURA, T., 2002, «Evaluative Research on Reminiscence Groups for People With Dementia», dans WEBSTER et HAIGHT, p. 289-299.

NOONEY, J., WOODRUM, E., 2002, «Religious coping and church-based social support as predictors of mental health outcomes: Testing a conceptual model», *Journal for the Scientific Study of Religion,* vol. 41, p. 359-368, cités par Krause, 2006b, p. 500.

NUTTMAN-SHWARTZ, O., 2004, «Like a High Wave: Adjustment to Retirement», *The Gerontologist,* vol. 44, no. 2, p. 229-236.

O'RAND, A., 2002, «Retirement, Patterns», dans EKERDT, p. 1201-1207.

OTT, C., LUEGER, R., 2002, «Patterns of change in mental health status during the first two years of spousal bereavement», *Death Studies,* vol. 26, p. 387-411.

PALMORE, E., 1987, Successful Aging, dans MADDOX, 1987, p. 654.

PALMORE, E., 1995, «Duke longitudinal studies», dans MADDOX, p. 195-197.

PALMORE, E., 2002, «Successful aging», dans EKERDT, p. 1374-1377.

PALMORE, E., 2005, «Three Decades of Research on Ageism», *Generations*, Fall, p. 87-90.

PALMORE, E. et autres, 1984, «Consequences of Retirement», *Journal of Gerontology*, vol. 39, no. 1, p. 109-116.

PALO STOLLER, E., 1990, «Males as Helpers: The Role of Sons, Relatives, and Friends», *The Gerontologist*, vol. 30, no. 2, p. 228-235.

PALO STOLLER, E., PUGLIESI, K., 1991, «Size and Effectiveness of Informal Helping Networks: A Panel Study of Older People in the Community», *Journal of Health and Social Behavior*, vol. 32, June, p. 180-191.

PAQUET, M., 1988, «Le vécu des personnes soutien qui s'occupent d'une pesonne âgée en perte d'autonomie», DSC de Lanaudière, extraits parus dans *Santé et Société*, 1989, vol. 11, no. 4, p. 12.

PARGAMENT, K, 1997, *The psychology of religion and coping: Therory, research and practice*, New York, Guilford, cité par KRAUSE, 2006b, p. 502.

PARK., D., MINEAR, 2002, «Memory, Everyday», dans EKERDT, p. 914-916.

PARKER, R., 1995, «Reminiscence: A continuity theory framework», *The Gerontologist*, vol. 35, p. 515-525.

PASSUTH LYNOTT, P., LYNOTT, R.,2002, «Disengagement», dans EKERDT, p. 357-360.

PASUPATHI, M. et autres, 2002, «Age and ethnicity differences in storytelling to young children: Emotionality, relationality, and socialization», *Psychology and Aging*, vol. 17, p. 610-621, cités par HANSSON et STROEBE, 2007, p. 121.

PEABODY, D., GOLDBERG, L., 1989, «Some Determinants of Factor Structures From Personality-Trait Descriptors», *Journal of Personality and Social Psychology*, vol. 57, no. 3, p. 552 567.

PEARSON, R., 1987, *Issues and Procedures in the Assessment of Social Support: Cross Cultural Perspectives*, communication à la rencontre de la Society of Intercultural Education, Training and Research tenue à Montréal en mai 1987. 21 p.

PEARSON, R., 1990, *Counseling and Social Support, Perspectives and Practice*, Newbury Park, California, Sage Publications.

PENNEX, B. et autres, 1998, «Emotional vitality among disabled older women: The Women's Health and Aging Study», *Journal of the American Geriatric Society*, vol. 46, p. 807-815, cités par GEORGE, 2006, p. 322.

PINQUART, M., SORENSEN, S., 2002, «Preparation for death and preparation for care in older community-dwelling adults», *Omega*, vol. 45, no. 1, p. 69-88.

POLKINGHORNE, D., 1988, *Narrative knowing and the human sciences*, New York, State University of New York Press.

POST, S., 2002, «Dementia: Ethical issues», dans EKERDT, p. 326-330.

POUPART et autres, 1997, *La recherche qualitative, Enjeux épistémologiques et méthodologiques*, Montréal, Gaëtan Morin Éditeur.

POWELL, L., et autres, 2003, «Religion and spiritualité: Linkages to physical heatlth», *American Psychologist*, vol. 58, p. 36-52, cités par Idler, 2006, p. 290.

PRESSEY, S., PRESSEY, A., 1980, «Major neglected need opportunity: old age counseling», dans LANDRETH, G., BERG, R., Eds., *Counseling the Elderly*, Springfield, Ill., Charles Thomas.

PRIGERSON, H. et autres, 2003, «The Stressful Caregiving Adult Reactions to Experiences of Dying Scale», *American Journal of Geriatric Psychiatry*, 11, p. 309-319, cités par HANSSON et STROEBE, 2007, p. 103.

PRIGERSON, H., MACIEJEWSKI, P., 2005-2006, «A call for sound empirical testing and evaluation of criteria for complicated grief proposed for DSM-V», *Omega*, vol. 52, no. 1, p. 9-19.

PUSHKAR, D., ARBUCKLE, T., 2000, «Le contexte général du vieillissement: processus affectifs, sociaux et cognitifs», dans CAPPELIEZ et autres, p. 1-22.

PUSHKAR, D. et autres, 2003, «Réussir sa vieillesse: La vision des aînés», *Revue québécoise de psychologie*, vol. 24, no. 3, p. 155-174.

RANDERS, I., MATTIASSON, A.-C., OLSON, T., 2003, «The *Social Self*: The 11th Category of Integrity – Implications for Enhancing Geriatric Nuring Care», *Journal of Applied Gerontology*, vol. 22, no. 2, p. 289-309.

RANDO, T., 1986, Understanding and Facilitating Anticipatory Grief in the Loved Ones of the Dying, RANDO, ed, *Loss and Anticipatory Grief*, Lexington, Massachusetts, Lexington Books, p. 97-130.

RANDO, T., 1993, *Treatment of Complicated Mourning,* Champaing, Illinois, Research Press.

RICHARD, J., MATEEV-DIRKX, E, 2004, *Psychogérontologie*, 2ème édition, Paris, Masson.

RICHER, A., 1992, «Toute sa vie, elle a fait à sa tête, Anne Richer rencontre Simonne Monet-Chartrand», *La Presse*, 17 février, p. 1-2.

ROBERTS, B. et autres, 2006, «Patterns of Mean-Level Change in Personality Traits Across the Life-Course: A Meta-Analysis of Longitudinal Studies», *Psychological Bulletin*, vol. 132, no. 1, p. 1-25.

RONCH, J., GOLDFIELD, J., 2003, Eds, *Mental Wellness in Aging, Strengths-Based Approaches,* Baltimore, Health Professions Press.

ROOK, K., 2000, «The Evolution of Social Relationships in Later Adulthood», dans HONN QUALLS et ABELES, p. 173-191.

ROSOW, I., 1985, *Status and role change through the life span,* dans BINSTOCK et SHANAS, Eds., pp. 62-93.

RUDKIN, L, INDRIKOVS, I.-M., 2002, «Social Support», dans EKERDT, p. 1312-1317.

RUSSELL, B., 1956, *Portraits From Memory,* New York, Simon and Schuster.

RYFF, C., 1991, «Possible Selves in Adulthood and Older Age: A Tale of Shifting Horizons», *Psychology and Aging*, vol. 6, no. 2, p. 286-295.

RYFF, C., SINGER, B., 1998, «The contours of positive human health», *Psychological Inquiry,* vol. 9, p. 1-28, cités par KRAUSE, 2006b, p. 510.

ROWE, J., KHAN, R., 1987, «Human Aging: Usual et Successful», *Science,* 237, p. 143-149.

ROWE, J., KHAN, R., 1998, *Successful Aging,* New York, Pantheon.

SALTHOUSE, T., 1996, «The processing-speed theory of adult age differences in cognition», *Psychological Review*, vol. 103, p. 403-428, cité par PUSHKAR et ARBUCKLE, 2000, p. 13.

SCHAIE, W., 2002, «Intelligence», dans EKERDT, p. 714-724.

SCHAIE, W., 2005, *Developmental Influences on Adult Intelligence*, New York, Oxford University Press.

SCHAIE, W., WILLIS, S., 1999, «Theories of Everyday Competence and Aging», dans BENGSTON et SCHAIE, p. 174-195.

SCHIEBER, F., 1992, «Aging and the Senses», dans BIRREN et autres, p. 251-306.

SCHLOSSBERG, Nancy, 1984, *Counseling Adults in Transition, Linking Practice with Theory,* New York, Springer.

SCHONFELD, L., et autres, 2006, «Behavioral Health Services Utilization Among Older Adults Identified Within a State Abuse Hotline Database», *The Gerontologist*, vol. 46, no. 2, p. 193-199.

SCOTT-MAXWELL, F., 1994 (c. 1968), *La plénitude de l'âge*, Montréal, Libre Expression.

SELIG, S., et autres, 1991, «Ethical Dimensions of Intergenerational Reciprocity: Implications for Practice», *The Gerontologist*, vol. 33, no. 5, p. 624-630.

SHEEHY, G., 1976, *Passages, Predictable Crises of Adult Life*, New York, Bantam Books.

SHERMAN, E., 1981, *Counseling the Aging, An Integrative Approach,* New York, The Free Press.

SHMOTKIN, D., EYAL, N., 2003, «Psychological Time in Later Life: Implications for Counseling», *Journal of Counseling and Development*, vol. 81, Summer, p. 259-267.

SILVERMAN, G., PRIGERSON, H., 2002, «Bereavement», dans EKERDT, p. 123-130.

SILVERSTEIN, M., BENGSTON, V., 1991, «Do Close Parent-Child Relations Reduce the Mortality Risk of Older Parents?», *Journal of Health and Social Behavior*, vol. 32, décembre, p. 382-395.

SMALL, B., et autres, 2003, «Stability and change in adult personality over 6 years: Findings from the Victoria Longitudinal Study», *Journals of Gerontology: Psychological Sciences*, 58B, p. 166-176, cités par MROCZEK et autres, 2006, p. 366.

STAUDINGER, U., 2002, «Wisdom», dans EKERDT, p. 1504-1507.

STOBERT, S., DOSMAN, D., KEATING, N., 2006, *Bien vieillir, L'emploi du temps des Canadiens âgés,* Statistique Canada.

STONE, L., dir., 2006, *Les nouvelles frontières de la recherche au sujet de la retraite*, Ottawa, Statistique Canada.

STORR, A., 1988, *Solitude*, London, Flamingo.

STRAWBRIDGE, W. et autres, 2002, «Successful aging and well-being: Self-rated compared with Rowe and Khan», *The Gerontogist*, vol. 42, no. 6, p. 727-733, cités par LABERGE et autres, p. 73.

SUITOR, J., PILLEMER, K., 2002, «Parent-Child Relationship», dans EKERDT, p. 1043-1049.

TALBOTT, M., 1990, «The Negative Side of the Relationship Between Older Widows and Their Adult Children: The Mother's Perspective», *The Gerontologist*, vol. 30, no. 5, p. 595-603.

TATARA, T., 1993, «Understanding the Nature and Scope of Domestic Elder Abuse with the Use of State Aggregate Data: Summaries of Key Findings of a National Survey of State APS and Aging Agencies», *Journal of Elder Abuse and Neglect,* 5, p. 35-37, cité par HUDSON, p. 408.

TEDESCHI, R., CALHOUN, L., 2006, «Time of change? The spiritual challenges of bereavement and losss», *Omega*, vol. 53, no. 1-2, p. 105-116.

THOMAS, E., 2001, «The Job Hypothesis: Gerotranscendence and Life Satisfaction among Elderly Turkish Muslims», dans McFADDEN, S., ATCHLEY, R., Eds., *Aging and the Meaning of Time*, New York, Springer Publishing Company, p. 207-227.

THOMPSON, L., 1989, «Contextual and Relational Morality: Intergenerational Responsability in Later Life», dans MANCINI, J., Ed., *Aging Parents and Adult Children,* Lexington, Massachussets, Lexington Books, p. 259-282.

THURSTONE, L, 1934, «The vectors of mind», *Psychological Review*, vol. 41, p. 1-32, cité par GOLDBERG, 1990, p. 1216.

TOBIN, S., 1999, *Preservation of the Self in the Oldest Years,* New York, Springer.

TORNSTAM, L, 1996, «Gerotranscendence, A Theory About Maturing into Old Age», *Journal of Aging and Identity*, vol. 1, no. 1, p. 37-50.

TORNSTAM, L., 2000, «Transcendence in late life», *Generations*, vol. 23, no. 4, p. 10-14.

TSAI, J. et autres, 2000, «Autonomic, subjective, and expressive responses to emotional films in older and younger Chinese Americans and European Americans», *Psychology and Aging*, vol. 15, p. 684-693, cités par HANSSON et STROEBE, 2007, p. 122.

TRICE, D., WALLACE, H. 2003, «The reflected self: Creating yourself as (you think) others see you», dans LEARY, M., TANGNEY, J., Eds., *Handbook of self and identity*, p. 91-105, New York, Guilford, cités par KRAUSE, 2006b, p. 508.

UTZ, R. et autres, 2002, «The Effect of Widowhood on Older Adult's Social Participation: An Evaluation of Activity, Disengagement, and Continuity Theories», *The Gerontologist*, vol. 42, no. 4, p. 522-533.

VANDENPLAS-HOLPER, C., 2003, *Le développement psychologique à l'âge adulte et pendant la vieillesse,* Paris, Presses Universitaires de France.

VAN DER LINDEN, M., et autres, 2000, «L'optimisation du fonctionnement cognitif dans le vieillissement normal et dans la maladie d'Alzheimer», dans CAPPELIEZ et autres, p. 99-126.

VERMEER, S., et autres, 2003, «Silent brain infarcts and the risk of dementia and cognitive decline», *New England Journal of Medicine,* 348, no. 13, p. 1215-1222.

VERRILLO, R., VERRILLO, V., 1985, «Sensory and Perceptual Performance», dans CHARNESS, N. Ed., *Aging and Human Performance*, Toronto, John Wiley, p. 1-46.

VÉZINA, J., BIZZINI, L. SOUCY, P., 2000, «Les dépressions», dans CAPPELIEZ et autres, *Psychologie clinique de la personne âgée,* Ottawa, Presses de l'Université d'Ottawa, p. 23-42.

VÉZINA, J., CAPPELIEZ, P., LANDREVILLE, P., 2007, *Psychologie gérontologique*, 2ème édition, Montréal, Gaëtan Morin Éditeur.

WAPNER, W., DEMICK, J., 2003, «Adult Development», dans DEMICK, J. et ANDREOLETTI, C., Eds., 2003, *Handbook of Adult Development*, New York, Kluwer Academic/Plenum Publishers, p. 63-83.

WARD, R., 1979, *The Aging Experience, An Introduction to Social Gerontology,* New York, Lippincott.

WARD, R., LaGORY, M., SHERMAN, S., 1985, «Neighborhood and Network Age Concentration: Does Age Homogeneity Matter for Older People?», *Social Psychology Quarterly*, vol. 48, no. 2, p. 138-149.

WARR, P. et autres, 2004, «Activity and psychological well-being in older people», *Aging and Mental Health*, vol. 8, p. 172-183, cités par GEORGE, 2006, p. 326.

WEBSTER, J., 1997, «The Reminiscence Functions Scale: A replication», *International Journal of Aging and Human Development*, vol. 44, p. 137-148.

WEBSTER, J., HAIGHT, B., Edrs., 2002, *Critical Advances in Reminiscence Work, From Theory to Application,* New York, Springer Publishing Company.

WEISMAN, A., 1972, *On Dying and Denying, A Psychiatric Study of Terminality,* New York, Behavioral Publications.

WEISMAN, A., 1993, "Avery D. Weisman, M.D.: An Omega interview", *Omega*, vol. 27, no. 2, p. 97-103.

WHITE, J., 1987, La protection des droits fondamentaux des personnes âgées, dans le collectif *Les personnes âgées et le droit*, Montréal, Editions Yvon Blais, p. 5-69.

WHITE, L., EDWARDS, J., 1990, «Emptying the nest and parental well-being: An analysis of national paned data», *American Sociological Review*, p. 235-242.

WILSON, R. et autres, 2002, «Participation in cognitively stimulating activities and risk of incident of Alzheimer's disease», *Journal of the American Medical Association*, 287, p. 742-748, cités par HABER, 2006, p. 160.

WINK, P., SCHIFF, B., 2002, «To Review or Not To Review? The Role of Personality and Life Events in Life Review and Adaptation to Older Age», dans WEBSTER et HAIGHT, p. 44-60.

WORDEN, W., 1991, *Grief Counseling and Grief Therapy, A Handbook for the Mental Health Practitioner,* 2nd edition, New York, Springer.

WORDEN, W., 2002, *Grief Counseling and Grief Therapy, A Handbook for the Mental Health Practitioner,* 3rd edition, New York, Springer.

WROSCH, C., 2002, «Developmental Tasks», dans EKERDT, p. 341-343.

YLIEFF, M., 2000, dans CAPPELIEZ et autres, p. 151-174.

XXX, 1989, *Vieillir en toute liberté, Rapport du comité sur les abus exercés à l'endroit des personnes âgées,* Québec, Ministère de la Santé et des Services sociaux.

TABLE DES MATIÈRES

Avant-propos	5
1. Bien vieillir – Quelques notions de base	7
La naissance de la gérontologie	8
Le vieillissement réussi	8
Autonomie et bien-être	9
Stéréotypes, préjugés et âgisme	12
Les méthodes de recherche	14
La recherche de l'Université Duke	17
Le point de vue des aînés: «Bien vieillir, c'est vieillir de bonne humeur»	18
2. Demeurer engagé – La théorie de l'activité	21
Activités et santé physique	23
Activité: un concept à préciser	23
Rôles et sorties de rôles	25
Les rôles informels	26
Composantes de la satisfaction	28
Une critique de la théorie	29
3. Savoir ralentir – La théorie du désengagement	32
Désengagement et intériorité	34
Les recherches de Tornstam	35
Le désengagement sélectif	35
Critique de la théorie du désengagement	37
Quatre profils de désengagement	39
Des trajectoires multiples	41

4. Maintenir ses acquis – La théorie de la continuité 43
La stabilité de la personnalité 44
Le modèle des cinq traits de la personnalité 45
Stabilité et changement 47
La théorie de la continuité
comme théorie de l'adaptation au changement 49
Les stratégies d'adaptation 51
Un modèle de développement adaptatif 53

5. Avancer dans son parcours
– Les modèles du cycle de vie 56
Développement et cycle de vie 59
Le modèle d'Erikson 61
Un deuxième schéma du cycle de vie 62
Appréciation d'ensemble 63

6. Prendre les tournants – Transitions et crises 66
Caractéristiques des transitions 68
Les crises développementales 71
La crise du mi-temps de la vie 74
Les tâches développementales 76

7. Évoluer dans son image – Concept de soi et estime de soi ... 78
Un modèle du concept de soi 80
Le soi idéal et l'estime de soi 82
L'influence du vieillissement sur l'estime de soi 84
Une illustration du système du soi : l'accident évité de justesse 85

8. Entretenir ses contacts – Les réseaux de soutien 89
Sources majeures de soutien 90
L'impact des réseaux 91
Caractéristiques des réseaux 92
La réciprocité ou la théorie des échanges 95
Les différences hommes-femmes 96

L'impact du vieillissement sur la taille du réseau	97
Quelques solutions de rechange	99
Enjeux pour l'intervention	100

9. Gérer la relation parent âgé/enfant adulte – Problématique et enjeux 103

Le point de vue du parent âgé	105
La motivation des enfants adultes	107
L'échange de conseils	110
Avec un parent en perte d'autonomie	111
Quelques enjeux pour l'intervention	112
Avec des parents très âgés	112
Les personnes âgées sans enfants	114
Entre frères et sœurs vieillissants	114

10. Devenir un retraité – Parcours et profils 116

La retraite comme transition et comme étape de vie	117
Profils de retraite	124
Enjeux du passage à la retraite	127

11. Revoir sa vie – Dynamique de la relecture de vie et accompagnement 129

Une tâche majeure	130
Quatre étapes dans une relecture	131
Sept sortes de relectures	133
Une tâche développementale?	136
Impact sur le vieillissement	138
Faciliter la relecture	139

12. Faire face aux déclins sensoriels et cognitifs – Problématique et enjeux 142

Les déclins sensoriels	143
Les malentendants	145
Lorsque la vue baisse	146
Les déclins cognitifs	147

Facteurs favorisant le maintien des aptitudes cognitives ... 149
Intelligence et compétence quotidienne ... 150
Les déclins cognitifs sont-ils réversibles? ... 150
Le déclin de la mémoire ... 151
Quelques conseils ... 153
Bilan d'ensemble ... 154

**13. Composer avec la maladie
– Problématique et enjeux** **157**
La dépression ... 157
Points de repère:
détection, prévention et accompagnement ... 159
Les démences ... 162
La maladie d'Alzheimer ... 163
Enjeux majeurs ... 164
Les maladies chroniques ... 167
Stratégies d'adaptation ... 168

**14. Prévenir les atteintes à son intégrité
– Problématique et enjeux** **170**
Négligence et abus ... 171
Les mauvais traitements ... 172
L'infantilisation ... 173
La fréquence des abus ... 175
L'impact des abus ... 176
Les facteurs de risque ... 177
Intervention et prévention ... 178
Le modèle de l'appropriation du pouvoir ... 180
Les atteintes à l'intégrité en établissement ... 181

**15. Vivre ses deuils et cheminer vers sa mort
– Les tâches de l'endeuillé et celles du mourant** **183**
Le deuil comme défi ... 183
Les facteurs de risque ... 184
Le deuil comme ensemble de tâches ... 186

Indices d'un deuil compliqué 188
La mort appropriée 189
Les tâches du mourant 190
Les tâches des proches 194
Les tâches de l'intervenant 195

**16. Relever le défi de la quête de sens
– Religion, santé mentale et maturation spirituelle** 197
Devient-on plus religieux en vieillissant? 198
Le lien entre l'implication religieuse et la santé 199
La maturation spirituelle 201
Un témoignage biblique sur le cycle de vie 204

Annexe 1 – Un instrument d'exploration de son réseau **207**

Annexe 2 – Un inventaire des réactions de deuil **211**

Annexe 3 – Points de repère pour des endeuillés **213**

Bibliographie **220**

Vous avez un manuscrit à soumettre ?
Vous cherchez un éditeur ?

*Faites parvenir un résumé
ou la table des matières à:*
groupeditions@gmail.com

C.P. 88030, CSP Vieux-Longueuil, Longueuil (Québec) J4H 4C8
Ligne téléphonique de Montréal : 514.461.1385